麹のレシピ

体の内側からきれいになる

JN048140

麹料理研究家
阿部かなこ

KADOKAWA

一緒に麹ライフを

愉しみましょう！

　人は自然から生まれた生き物です。旬の食材をおいしいと感じること、きれいな景色を見て心が安らぐこと……人が心地いいと感じるのは、すべて自然に近いものに触れたときです。

　自然のパワーを得て、心も体も満たされる。そんな毎日を送るための手段のひとつが、麹生活です。

　毎日の食生活に麹を取り入れることで、体の内側から健康になれたり、忙しい人や料理が苦手な人でも簡単においしいごはんをつくることができたり。麹には、いいことがたくさんあるんです！　何より、日本で生まれたものなので日本人の体質に合うのです。

「身土不二（しんどふじ）」という言葉があります。自分の体と土は一体であり、自分の住んでいる国、土地でとれたものを食べようという考え方です。醤油、味噌、酒など日本人になじみ深い発酵食品も、すべて「麹」からできています。日本特有の麹菌からつくられる麹調味料は、身土不二そのもの。

　ぜひ、毎日の食生活に麹を取り入れて、心も体も心地よい毎日を送りましょう！

麹があると暮らしが
愉しくなります

「人生を愉しむ」。そのために大切なのは、食事です。麹を使うことで、料理が簡単でおいしくなり、栄養も摂れて、心も体も健康になれます。なにげない毎日の暮らしが、今までよりもっと愉しく感じられるようになるはずです。

つくることを愉しむ

麹調味料を手づくりすることを、「面倒だな」「どうせ三日坊主になるし」と思ってしまう人もいるかもしれません。でも、実際につくってみるとその愉しさがわかります。実は麹調味料づくりには、ほとんど失敗はありません。ものすごく簡単なのに、なんだか「ちょっといいこと」をしているような気分になれるのも、続けられる理由です。麹の発酵が進んで日々変化していく様子を見守るのも、愉しみのひとつです。

料理を愉しむ

「今日は料理するのが面倒だな」と思う日も、麹があると思うと気持ちがラクになります。だって、麹調味料はどんな食材にも合いますし、入れて放っておくだけで、料理がおいしくなるんです。私は、献立を決めずに料理をつくり始めることもあります。冷蔵庫にある野菜を洗ったり切ったりしながら、「今日はどの調味料を使おうかな?」と考えるのも、愉しい時間です。

変化を愉しむ

私は小さいときから、アレルギー性鼻炎、偏頭痛などに悩まされて、ずっと薬に頼っていました。それが今ではすっかり薬のお世話にならない生活に。「なんだか体がだるい、重い」なんていう不調の日も少なくなりました。また味覚が変わってきて、砂糖たっぷりの甘いものや、ジャンクフード、パンなど、太りやすいものが以前より欲しくなくなりました。体重も、ずっと変わらないままです。あなたも麹生活で自分にどんな変化が現れるのか、ぜひ愉しみにしてください。

私が麹に
こだわる理由

　私がこれほど「体にやさしい食事」にこだわるのには理由があります。

　学生時代、リンパ系の病気を患いました。毎日40℃の高熱に苦しみ、CT、MRI、骨髄検査などありとあらゆる検査を受け、数カ月の入院を経験しました。

　退院後は1年間のステロイド治療を受け、副作用で体重が20キロも増えてしまいました。楽しい学校生活を送ることができず、健康でいることの大切さを実感しました。

　やがて社会人になり、就職先に選んだのは製薬会社です。自分が副作用に悩まされた経験から、「薬にはベネフィットもあればリスクもある。適切な情報提供をしたい」という強い思いがあったからです。

　しかし4年間働いてたどり着いた答えは、「薬は根本的治療にはならない」ということでした。人の体を変えられるのは、化学の力ではなく自分自身の力。その力を引き出すには、毎日の食事がいちばん重要ということに気がついたのです。

バランスのいい食生活を送り、できるだけ体に必要のない添加物を摂らないようにすること。そんなふうに食事を正していくうちに、体の調子が整い、長年のアレルギー性鼻炎や偏頭痛に悩まされることもなくなりました。

体の調子が整ったのには、腸内環境が深く関わっています。〝腸活〞のためにサプリやドリンクを飲んだりしたこともありますが、生活になじまず、なかなか続きませんでした。そんなときに出合ったのが、麹調味料づくりです。毎日のごはんづくりに麹調味料を使うだけでいいので、ストレスなく続けることができます。自分でつくったものだから、添加

物の心配もありません。調べるうちに、麹には思った以上に体にいい効果がたくさんあることもわかってきて、自分なりに工夫して、どんどん食事に麹を取り入れるようになりました。

何よりよかったのは、心が穏やかになったこと。食事が整うと、心も体も整います。「自分自身や家族が健康に暮らしていける、当たり前の日常が幸せ」と思えるようになり、しぜんと心が落ち着くように。おかげで、夫や周囲の人との関係も以前よりよくなりました。今となっては、麹のない生活は考えられません。

料理が苦手な人ほど
麹が役立ちます！

「健康のためにはなるべく手づくりしたいけれど、時間も心にも余裕がない」「料理が苦手だから、ごはんづくりがストレスになっている」「無添加にこだわりすぎて、食べることの楽しみが減った」……。ごはんをつくることには、人それぞれ違ったハードルがあります。

　私にとって、そんなハードルを取り除いてくれるのが「麹」です。

　麹調味料を使ってみると、それだけで味つけが完成するので、ほかの調味料を使う手間が省けます。自然とコクのある深い味になるので、味が決まりやすくなります。素材の旨みを引き出してくれるので、安い食材でもおいしくなります。

　きゅうりや白菜など、生野菜を麹調味料で和えるだけで、一品できあがり。野菜室の中に余っている野菜を刻んでゆでて、麹調味料を投入するだけでも、コクのあるおいしいスープに。肉や魚にとりあえず塩麹をもみ込んでおけば、下味がつきます。あとは、適当な野菜と一緒に炒めたり、煮込んだりするだけで、おいしい料理になります。

　麹調味料を使った料理は、毎日食べても飽きません。不思議と、また食べたくなるんです。

　だから私はいつも、「料理が苦手な人ほど、麹を使ってください」と言っています。

我が家の1週間

麹メニューをご紹介します!

我が家は共働きなので、平日のごはんはスピード命。
麹を使って簡単に味を決めて、ちゃちゃっと10分以内で完成するものばかり。
でも週末は、友人たちを招いてちょっと手の込んだ麹料理をふるまうこともあります。
そんな私たちをいつも助けてくれるのが、麹調味料です。

SUN	MON	TUE

醤油麹と甘麹のすき焼き風海苔巻き、醤油麹の鶏むね肉とごぼうの照り炒め、中華麹のえびしんじょあんかけスープ

豆腐と野菜の醤油麹煮込み、大葉入り塩麹卵焼き、納豆、塩麹入りキャベツの味噌汁

玉ねぎ麹のデミグラスハンバーグ、麹シーザードレッシングの春菊サラダ、玉ねぎ麹のポタージュ

ごはんづくりに、麹を使わない日はありません。「麹を使っていない料理はない」というほど、食卓は麹メニューでいっぱいです。

塩麹だけの日もあれば、ほかの麹調味料と一緒に使うことも。「毎日麹の料理ばかりで飽きないの？」と思われるかもしれませんが、そんな心配は無用です。

麹がそれぞれの素材の味や旨みを引き出してくれるので、素材そのものが持つおいしさを堪能できます。塩麹ばかりでも飽きないのですが、麹調味料の種類を変えると、また新しいおいしさが生まれます。

先日ビーフシチューをつくったとき、塩麹＋ウスターソースと醤油麹＋味噌の2種類で比べてみました。そうしたら、醤油麹の方はどちらかというと、ハヤシライスに近い味に。我が家では、塩麹の方に軍配が上がりました。

「少しの調味料でも、味つけは変わるんだね！」と夫とふたりで感動。こんな料理の実験をしながら、「我が家の味」を見つけるのも、愉しみのひとつです。

WED

ささみと豆腐の塩麹白和え、しらすとあおさ入りの塩麹卵焼き、レンコンとツナの醤油麹デリサラダ、豚汁

THU

醤油麹みぞれ鍋、鯛の塩麹蒸し焼き、醤油麹ダレの冷奴、納豆

FRI

カツオのたたき、レンコンと豚肉の中華麹あんかけ炒め、レンコンとネギのチヂミ、海藻ナムル、カボチャの醤油麹和え

SAT

塩麹ビーフシチュー、麹を使ったローストチキン、玉ねぎ麹のアボカドディップ、タコのトマトサラダ、無添加生ハムのサラダ、フライドポテト

CONTENTS

PART.04
いろいろな麹調味料をつくってみよう

CONTENTS

PART.06
体の内側からきれいになる暮らし

アートディレクション　　江原レン（mashroom design）
デザイン　　　　　　　　青山奈津美、渡邊明美（mashroom design）
撮影　　　　　　　　　　戸高慶一郎、阿部かなこ（P.10 〜 11、P.185）
イラスト　　　　　　　　酒井真織
スタイリング　　　　　　矢田智香子
校正　　　　　　　　　　麦秋アートセンター
編集協力　　　　　　　　臼井美伸（ペンギン企画室）
協力　　　　　　　　　　大橋史子（ペンギン企画室）、金丸 亮、吉永 涼

この本を使われる方に

● 計量単位は大さじ1= 15mℓ、
小さじ1=5mℓ、1カップ=200mℓ、1合=180mℓです。

● 電子レンジは600Wが基準です。500Wの場合は加熱時間を1.2倍にしてください。
野菜の下ゆでなどには、電子レンジより蒸し器を使うことをおすすめします。
素材の甘みを引き出して、肉料理では脂や旨みの流出を防ぎ、加熱ムラが少なくなります。

● 使用する調味料については、P.180 〜 181を参照してください。
バターは食塩不使用、粉は米粉、卵はMサイズです。

● 材料の醤油麹を醤油に置き換える場合は、量を半分くらいにしてください。
甘麹を砂糖に置き換える場合も同様です。

● 野菜や果物は、とくに記載のない場合、洗う、皮をむく、種やワタをとるなどの
下処理を済ませていることを前提に説明しています。

● 火加減は、とくに記載のない場合は中火で調理してください。

● 調理時間や保存期間は目安です。調理時間には、漬け込みの
時間などは含んでいません。環境、季節、室温、湿度などの条件によって、
保存期間に差の出ることがあります。

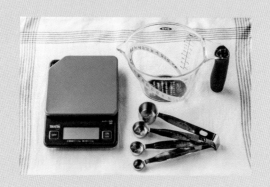

PART.01

麹ってこんなに
素晴らしい!

日本人の食卓に、昔からなくてはならないのが、麹からつくられた食品。料理をおいしくしてくれるだけでなく、健康や美容にいい効果があったり、料理がラクになるって、ご存じですか? その理由を知れば、もっと麹を身近に感じて、興味がわいてくるはずです!

① ― 麹っていったい どんなもの?

「なんとなく体によさそうだけれど、麹が何なのかよく知らない」
という方も多いかもしれません。実は、私たちは毎日麹を取り入れています。
麹と私たち日本人には、昔から切っても切れない深〜い関係があるんです。

麹は、米や麦に 麹菌を繁殖させたもの

麹とは、蒸した米や麦、大豆に「麹菌」という微生物（カビ）を繁殖させたもの。目に見えないほど小さな生き物ですが、この麹菌が繁殖する際に生み出す「酵素」が、食べ物に素晴らしい効果をもたらしてくれます。食べ物の細胞に入り込んで細かく成分を分解することで、食べ物をやわらかくしたり、消化吸収をしやすくします。

私たちは麹をそのまま食べているわけではありませんが、醤油、味噌、酒、酢、漬物など日本人になじみ深い食品は、すべて「麹」を使って発酵させたものです。私たちは知らず知らずのうちに、麹でつくった調味料を口にしていて、麹の力をもらっているのです。

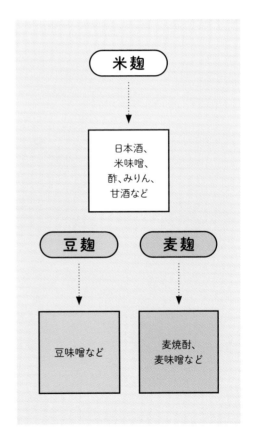

米麹
↓
日本酒、
米味噌、
酢、みりん、
甘酒など

豆麹
↓
豆味噌など

麦麹
↓
麦焼酎、
麦味噌など

和食には、昔から麹が欠かせない

日本人ははるか昔から、麹菌の力を利用しながら独特の食文化を形成してきました。麹菌は「国菌」といわれています。どうして麹が、ここまで日本の食卓に欠かせない存在になったのか。大きな理由は、湿気が多くカビが繁殖しやすいこの気候にあります。まさに麹菌が繁殖するのにうってつけの環境であると同時に、麹は、食べ物を長期に保存するためにも欠かせない存在だったのです。「和食」は今、世界的にも注目されている食文化ですが、和食にとってなくてはならないのが〝麹〟です。私たち日本人も麹のパワーをもっともっといただいて、豊かな食生活を手に入れましょう。

麹を取り入れるとこんないいことがある!

保存性が高まる
塩麹などの麹調味料には酵素に加えて塩分も含まれているので、食べ物の保存性が高まります。生の肉や魚を麹調味料に漬けておくだけで、保存性がアップ。

簡単に料理の味つけが決まる
食材そのものの旨みや甘みを引き出してくれるので、いろいろな調味料を混ぜたり、旨み調味料を使わなくても味が決まります。

健康維持や体力アップに
食べ物をより消化吸収しやすい状態に変えてくれるので、胃腸にやさしく、体内の酵素の節約にもなります。麹に含まれるビタミンB群は、代謝を上げてくれます。

美肌にも効果がある
麹菌には、アンチエイジング効果のある抗酸化物質や、美白効果の期待されるコウジ酸が含まれています。また、ビタミン代謝も促し美白づくりをサポート。

食べ物がおいしくなる
麹菌の酵素がデンプンをブドウ糖に、たんぱく質をアミノ酸に分解することで、「甘み」と「旨み」が増し、「おいしい」と感じる味になります。

POINT ②— 麹はどうして
体にいいの？

「麹が体にいいのは知っているけれど、具体的にはどういいんだろう？」
そんな疑問にお答えします。麹の素晴らしい効果を知ったら、
すぐに取り入れたくなるはず！

酵素が消化・吸収をサポートして
代謝がアップする

麹が体にいい理由。それは、麹菌が
栄養を吸収する際に発生する酵素の
働きがあるからです。酵素がたんぱ
く質やデンプンをアミノ酸やブドウ
糖に分解するとお伝えしましたが、
つまりこれは「食べ物を消化吸収し
やすい状態にしてくれる」というこ
と。私たちの体の中で起こっている
消化作用と同じことを、麹菌がやっ
てくれているのです。さらに、アミ
ノ酸やブドウ糖は体のエネルギー源
になるので、麹をいつも取り入れて
いれば、健康維持や体力増進につな
がるというわけ。また、麹菌に含ま
れる抗酸化物質も、免疫力を強化し
てくれます。

麹でこんな
効果が期待できる！

麹は、私たちの健康にこんなに
いい効果をもたらしてくれます。
丈夫な体をつくり、健康を維持
するために大切な食品なのです。

腸内環境を改善

腸内細菌の「善玉菌」は、麹の酵素によっ
て生み出される「オリゴ糖」をエサにして
繁殖します。善玉菌が増えて腸内環境が整
うと、便秘が改善されたり、自律神経が整
うなどたくさんのメリットがあります。

アレルギー改善

「カテプシンB」という酵素が関係してい
るアレルギーに、麹は対抗することができ
ます。カテプシンBの働きを抑制するので、
一部のアレルギーに対して麹が有効に働く
ことが期待できます。

疲労回復に役立つ

麹は、脳のエネルギー源となるブドウ糖をつ
くり出してくれます。麹でつくる甘酒は、点滴
と成分が似ているので、「飲む点滴」といわ
れるほど。またビタミン類も豊富で、疲労回
復や夏バテ防止に役立ちます。

POINT ③ — 麹を使うとおいしくなるのはなぜ？

麹を使った料理を、私たちが「おいしい！」と感じるのには、
ちゃんとした理由があります。
これにもまた、麹菌がつくり出す酵素が大いに関係していました！

麹菌がつくり出す酵素が味に深みをもたらす

麹菌が繁殖するときに発生する酵素は体にいいだけでなく、料理をおいしくする働きもあります。麹菌がつくり出す酵素には、たんぱく質を分解するものだけでも100種類以上もありますが、なかでもいい働きをしてくれているのが、右の3つ。これらの酵素が、食材の旨みや甘みを引き出したり、肉をやわらかくしっとり、魚をふっくらさせてくれるというわけです。

とくに働きものの3つの酵素

デンプンをブドウ糖に分解する

アミラーゼ

食材の甘みを引き出す

たんぱく質をアミノ酸に分解する

プロテアーゼ

食材の旨みを引き出す

脂質を脂肪酸などに分解する

リパーゼ

脂っこさやクセを抑えてくれる

甘みが出る

素材そのものが持つ甘みを引き出してくれるので、野菜も、そのままより甘く感じます。

料理をおいしくする 麹の力

麹を使った料理は、塩味がきつくなくてまろやか、旨みが多くて味が深い、香りも豊か……。ひと言で言い表せないのが、麹の魅力なのかもしれません。

ふっくらする

麹調味料に魚を漬け込んでおくと、ふっくらと仕上がります。

旨み、コクが増す

刺身を麹調味料で和えるだけで、旨みが増し、コクが出ます。さらに、魚特有の生臭さも抑えます。

やわらかくなる

肉を麹調味料に漬けておくとやわらかくなり、噛みやすくなります。消化吸収もサポート。

POINT ④ — 麹できれいになれるってほんとう？

麹を食生活に取り入れるといいことが、もうひとつ。
それは、美容にも効果が期待できることです。
高い化粧品やエステに頼るより、効果があるかも!?

シミやそばかすを抑えたり、老化を防ぐ効果も期待

しわやたるみなどを引き起こす老化の原因になるのが、活性酸素。麹菌には、この活性酸素の働きを抑制してくれる抗酸化物質が含まれています。さらに、最近「美白効果がある」と注目されているのが、麹菌が糖を発酵させることによって生成される「コウジ酸」。昔から、麹を発酵させてできる日本酒をつくる職人の手が、白くてとてもきれいだというのは有名な話です。また、美肌やダイエットの重要なカギを握っているのが腸内環境というのは、今や常識。麹は、この腸内環境を整えてくれるのです（P.23参照）。

私も20代前半のころは、美容のためにたくさん投資をしてきましたが、食生活に麹を取り入れるようになってから肌質が変わり、体重も変わらなくなりました。きれいになるには、体の内側からの働きかけがいちばんの近道だと、確信しています。

麹でこんな美容効果が期待できる！

老化を防いだり、肌を美しくしたり、ダイエットをサポートしてくれたり……。麹は、きれいになりたい人の強い味方です。

アンチエイジング効果

麹菌に含まれている「エルゴチオネイン」という抗酸化物質は、老化の原因となる活性酸素の働きを抑制してくれます。

美肌効果

「コウジ酸」が、シミ・そばかすの原因となるメラニン色素の働きと深く関係する、「チロシナーゼ」という酵素の働きを抑えてくれます。

ダイエットを助ける効果

麹菌は、腸内環境を善玉菌が好む弱酸性に近づけてくれます。すると善玉菌の働きが活発になり、食物繊維を分解して短鎖脂肪酸を発生。この短鎖脂肪酸が脂肪の蓄積を防ぎ、代謝を上げて痩せやすい体質へ導きます。さらに脳に直接作用して食欲を抑えたり、満腹中枢を持続させ、食べすぎを予防する効果もあるといわれています。

⑤ — 麹を使いこなすと料理がラクになる？

麹を使って、自分でも簡単にいろいろな調味料をつくることができます。
ちょっと敷居が高いと感じるかもしれませんが、そんなことはありません。
料理に自信がない人ほど、麹の効果を実感できるはずです！

和・洋・中
どんな料理にも使える

麹を使った調味料は、和食はもちろんですが、洋食にも中華にもエスニックにも、どんな料理にも使えるから便利です。食材との組み合わせで、レパートリーが無限に広がります。それに麹調味料を使うと、簡単なのに手をかけたような深い味になるから不思議。肉や魚の下味をつけたり、味つけしたりとオールマイティに使えるので、常備しておくと重宝します。

味つけが
決まりやすくなる

麹には素材自体の旨みや甘みを引き出す力があるので、いろいろな調味料を使わなくても、麹調味料だけで簡単に味が決まります。満足感のある味になるし、失敗も少ないのです。私も以前は、おいしくするためにはいくつもの調味料を組み合わせたり、特別な調味料を使わないといけないと思い込んでいたのですが、実はシンプルな調味料がいちばんおいしいと気がつきました。

麹の効果をいちば
ん感じられるのは
この使い方。ほか
の野菜などを切っ
ている間に、麹調
味料に肉や魚を漬
け込んでおくと、
肉はやわらかく、
魚はふっくら。前
の晩から漬け込ん
でおくと、もっと
効果がアップ！

漬ける

おもな使い方は
この4つ！

麹調味料には「こう使わなくて
はいけない」というルールはあ
りませんが、おもな使い方はこ
の4つです。

味つけ

和える

生野菜やゆでた野菜に和えるだ
けで、一品できあがり。刺身を
和えるとおいしさがグレード
アップ。ドレッシングに使うの
もおすすめです。

私がいちばんよくやるのはこの
使い方。炒めたり、煮込んだり
する料理の味つけに、塩や醤油
などの代わりに使います。驚く
ほど奥行きのある味わいに！

だしにする

麹調味料は、コン
ソメやだしの代わ
りにもなるんです。
鍋に入れたり、シ
チューに入れたり。
あとは野菜や肉か
ら出る旨みだけで、
大満足の味に！

麹のこと Q & A

麹について、間違ったイメージや
思い込みをもっている人もいるよ
うです。麹のことをよく知って、麹
ともっと仲よくなりましょう。

 麹は加熱したら
菌が死ぬから、
料理をすると
意味がないのでは？

▼

A 菌が生きているというのは、増
殖する能力、分泌する能力があ
る状態です。確かに「麹菌」は高温
（70℃近く）になると、その能力を失っ
てしまいます。たとえ熱を加えないで
生のまま食べたとしても、胃酸で溶け
てしまいます。だったら摂っても意味が
ないのか……いいえ、そんなことはあ
りません。麹には100種類を超える
酵素が含まれていて、私たちに有益な
副産物を与えてくれます。さらに死ん
だ麹菌は、腸内の善玉菌を増やす餌
となります。何よりも麹を取り入れるこ
とのメリットは、食に豊かさをもたらし
てくれることだと思います。

 一日の麹の摂取量に
上限はある？

▼

A ありません。腸内細菌もバラン
スが大事で、善玉菌ばかり増や
せばいいというわけではないそうです
が、現代人は、悪玉菌が優勢にな
る要素がとっても多いです。飲酒、
運動不足、ストレス……。よっぽど
のことがない限り、摂り過ぎになるこ
とは考えられないので、安心して使っ
てください。

 妊婦や赤ちゃんも
食べて大丈夫？

▼

A はい、大丈夫です。「人は3歳
までに腸内細菌の種類が決まる」
といわれていますので、離乳食などに
麹を使用することは、子どもの腸内環
境をよくするためにもおすすめです。た
だし、塩分は調整してください。

Q スーパーで市販の塩麹を買うより、自分でつくった方がいいの？

A 市販の塩麹の多くは、品質を安定させるために高温で殺菌処理をするか、酒精を添加して発酵を遅らせてあります。それに対して自宅でつくった塩麹は、麹菌も酵素も生きています。いちばんフレッシュなものを食べられるのが、自宅での手づくりです。

Q 麹メニューは、男性や若い人には物足りない味になるのでは？

A 麹は素朴な味、というイメージがあるかもしれませんが、実は酵素の力で旨みをアップしてくれます。市販の調味料には旨みを出すための添加物、アミノ酸、エキスなどが入っていますが、その旨みを、酵素の力で食材から引き出してくれるのが麹です。男性が好きな濃い目の味や、子ども向けのやさしい味も、麹だからこそ簡単につくれます。ほかの調味料と組み合わせることでも、いろいろな味に変化するんですよ。この本でも、夫が「大満足」と言ってくれたメニューをたくさん紹介しています。

PART.02

きほんの塩麹づくりに
チャレンジ！

麹調味料のなかでも、いちばん使い道が多いのが塩麹。どんな料理にも塩の代わりに気軽に使えるから、つくっておくと重宝します。初心者さんは、まず塩づくりから始めましょう！

塩麹の材料

材料はたった3つ。玄米麹でもつくれますが、
スーパーマーケットや通販でも比較的手に入りやすく、
甘くてクセがないのは米麹です。乾燥麹と生麹があり、どちらを使ってもOKです。

乾燥麹

水分量が少ない
ので、長期保存
が可能。板状の
ものと粒状のもの
があるが、どちら
でもよい。

国産有機 乾燥米
こうじ（マルクラ）

生麹

水分量が多いの
で、日持ちが短い。
冷蔵庫や冷凍庫で
の保存が必要。

米こうじ（生）（ま
るみ麹本舗）

精製されていない自然塩。
とくに海塩がおすすめ。

水道の浄水でもミ
ネラルウォーターで
もよいが、アルカ
リ水は使わない
（発酵がうまくいか
ない場合がある）。

必要な道具

道具は100円ショップにあるものでもOK。
消毒して、できるだけ清潔なものを使いましょう。

保存瓶

耐熱のガラス瓶がおすすめ（耐熱でない容器を使う場合は、消毒はアルコールを使って）。洗いやすいもの、手持ちのヨーグルトメーカーに入るサイズなどが便利。ほかに、ファスナー式の密封保存袋でもつくれます。

大きめの
スプーン

麹調味料をときどきかき混ぜるときに使う。瓶の底の方まで届くような大きめサイズのものがあると便利。

瓶の消毒の方法

煮沸する

鍋に、容器がしっかり浸かるくらいの水を入れ、瓶を沈めて火にかけて、沸騰後約5〜6分グラグラと煮る。ふきんなどにのせて自然乾燥。

熱湯をかける

容器に、80℃以上のお湯を10秒以上かける。ガラス瓶は急激な温度差で割れてしまうことがあるので、あらかじめ温めておくことが必要。

アルコール消毒

洗った容器の内側に、アルコールスプレーを1〜2回プッシュし、自然乾燥する。または、清潔なふきんで拭き取る。アルコール分は70〜80%が効果的。

除菌用アルコールスプレー「パストリーゼ77」。アルコール分77％で、口に入っても問題ないものでつくられている。

塩麹 のつくり方

乾燥米麹を使ったつくり方です。塩と水を混ぜ合わせて、発酵させるだけ。
毎日1回かき混ぜていれば、粒がとろりとやわらかくなってきて、
だいたい、1〜2週間でできあがります。

材料 （つくりやすい量）

米麹……100 g
水（初めの量）……150mℓ
塩……35 g

POINT

☐ 生麹を使用する場合は、麹と水の割合は1:1にしてください。

- -

☐ 塩分濃度が10%を下回ると腐敗しやすくなります。
　 塩を減らすのはおすすめしません。

きほんのつくり方

①

麹をほぐし、塩を混ぜる

ボウルに麹を入れ、固まっていたら手で
ほぐす。塩を入れてよく混ぜ合わせる。

▼

②

水を混ぜる

①に水を加え、混ぜ合わせる。腐敗を
防ぐために、底からしっかりと混ぜ
合わせる。

▼

③

発酵させる

保存容器に移し、ふたをして常温で発
酵させる。気温によって1~2週間ほど
で完成する。麹がやわらかくなったら冷
蔵庫で保存し、3カ月以内に食べきる。

1日1回よくかき混ぜる

1日1回、清潔なスプーンで全体
をしっかりとかき混ぜる。混ぜな
いと、空気に触れている部分に雑
菌が繁殖しやすい。

途中で水を足す

麹が水を吸ってしまう
ので、麹が浸かるくら
いに 10 ～ 20㎖ ずつ
水を足す。

こうなったら完成!

粒がやわらかくなり、ほんのり甘酒のような香りがしたらできあがり。つぶつぶが気になる場合は、ミキサーにかけてペースト状にする。

完成の目安

☐ 見た目で、米粒の芯がなくなった

☐ ちょっとなめてみて、塩気がまろやかになった

☐ 水にとろみがついた

冷蔵庫で保存する

常温に置いたままだと雑菌が繁殖する場合があるので、できあがったら、冷蔵庫に移して保存。冷蔵庫内でも発酵は少しずつ進むので、3カ月を目安に食べきる。

料理に使う

素材に下味をつけたり、料理の味つけなどに使う。麹と水が分離していたら、清潔なスプーンでかき混ぜてから使う。

早くつくる方法

常温でつくると時間がかかりますが、
下のような方法を使うと、その日のうちに簡単に塩麹がつくれます。
私はヨーグルトメーカーを使っています。

(ヨーグルトメーカー) を使う

塩麹を仕込んだ容器をヨーグルトメーカーに入れ、60℃で6〜8時間、タイマーをセットする。終了後はよく混ぜ、冷めたら密閉容器に移し、冷蔵庫で保存する。

(電気圧力鍋) を使う

塩麹の材料を電気圧力鍋に入れ、よくかき混ぜてからフタをする。「発酵」メニューを選んでスイッチオン（通常は6〜8時間程度で完成）。終了後はよく混ぜ、冷めたら密閉容器に移して冷蔵庫で保存する。

(炊飯器) を使う

ふきんなどをかけて、フタを開けたまま保温するのがポイント。

塩麹の材料を炊飯器に入れ、よくかき混ぜる。内釜にふきんなどをかけて、フタを開けたまま保温ボタンを押す。途中で2〜3回かき混ぜる。6〜8時間保温してから取り出してよく混ぜ、冷めたら密閉容器に移して冷蔵庫で保存する。

(オーブンレンジ) を使う

塩麹の材料を耐熱容器に入れ、よくかき混ぜてからふんわりとラップをして、オーブンレンジに入れる。「発酵コース」などを選び、6〜8時間加熱する。終了後はよく混ぜ、冷めたら密閉容器に移して冷蔵庫で保存する。

塩麹づくり

Q & A

初めて麹調味料をつくるときは、「これで合ってるかな? 大丈夫かな?」と不安になることも多いと思います。でも思ったよりずっと簡単なので、心配しすぎなくても大丈夫!

 塩分を控えたいので、塩麹の塩の量を減らしてもいい?

A 塩分濃度が低いと腐りやすくなるので、塩の量を減らすのはおすすめしません。塩分を控えたい場合は、料理に使用する塩麹の量を少なめにしてください。ちなみに、塩麹100gあたりに含まれる塩分は、約13gです。塩と塩麹の小さじ1杯を比較すると、塩が約5gに対して、塩麹の塩分は約1g。さらに塩麹は、酵素の力のおかげで、塩よりも少量で素材の旨みや甘みを感じられます。塩麹をつくるときの塩は、精製塩ではなく、ミネラル豊富な海塩がおすすめです。

 塩麹づくりの途中で水分が少なくなったけど大丈夫?

A 麹は水分をかなり吸収します。初日は水分が少なくなりますが、発酵が進むとまた水分が戻ってきます。麹が水に浸からずむき出しになっている場合のみ、水を足しましょう。目安は「麹が水に浸かるくらい」です。水分が多すぎると、塩分濃度が下がって腐敗しやすくなってしまうので、足そうかどうしようか迷う程度ならそのまま様子を見てください。

 完成後は常温で保存しても大丈夫?

A 冷蔵保存をおすすめします。温度により発酵のスピードは異なり、常温だとどんどん発酵が進んでしまいます。冷蔵庫でも発酵は進みますが、スピードは遅いです。完成後は冷蔵庫に入れて、3カ月以内に食べるのがおすすめです。私は半年前のものでも、匂いや見た目が問題なさそうなら使用しますが、最初は3カ月を目安にするのが安心だと思います。

Q どうなったら完成？

A 米粒の芯がなくなり、塩気がまろやかになり、水にとろみがつくのが完成の目安。発酵のスピードは温度によって異なるので、置いている部屋の温度によってできあがりの日数も違ってきます。夏は温度が高いので、発酵のスピードが速く、短い期間で完成しますが、冬は温度が低いので、完成までの期間も長くなります。麹菌が好む温度は25〜30℃で、その環境ならだいたい1週間前後で完成します。

こんなときは……

・泡がぶくぶく
大丈夫！ 発酵のサイン。

・色が白くない
使用する麹によって色は異なるので、心配なし。

・麹と水が2層に分かれている
混ぜれば問題なし。米麹の分解が進んで、水分量が増えていくと麹が沈殿していく。

・発酵が進まず、芯が硬いまま
少し熱めのお湯（50℃前後）を鍋に入れ、瓶ごと2〜3時間温めてみて。

Q つぶつぶが苦手だけど、ミキサーなどでペースト状にしても栄養効果は変わらない？

A 効果は同じです。ミキサーやブレンダーにかけると、口当たりが滑らかになったり、肉や魚にぬりやすいというメリットもあります。好みですが、私はそのまま利用しています。ミキサーやブレンダーにかけるタイミングは、塩麹が完成してからです。使う前には消毒を忘れないで。

Q 常温でつくるのと、ヨーグルトメーカーなどでつくるのではできあがりが違う？

A 発酵の温度が異なると、活発に働く酵素も異なります。高温では、甘みを引き出す酵素アミラーゼがよく働き、比較的低温だと、旨みを引き出す酵素プロテアーゼがよく働きます。それに応じて、甘みが強くなったり、旨みが強くなったりと味に変化があります。また粒の形も、ヨーグルトメーカーだとやわらかくふっくらとした粒感になりますが、常温発酵だと、やわらかいけれど粒が崩れた状態になります。

Q 白いカビが できちゃった！ 食べられる？

A ふわふわとした白いカビなら、大丈夫。産膜酵母（さんまくこうぼ）と呼ばれている酵母菌で、毎日かき混ぜないと発生しやすくなります。体には無害なので、混ぜ込んでもいいですし、気になる方はその部分だけ取り除いてください。腐敗してしまった＝体に害がある場合というのは、「カラフルなカビが生えたとき」と思ってください。それ以外はだいたい大丈夫。まずは愉しみながら、気楽に始めてみてください。

Q 塩麹の色が 茶色がかっています。

A 使用する麹によって、完成の色が少し異なるので、気にしすぎることはありません。ミネラルを多く含む塩を使うと、より色が変わりやすくなります。ただし、青や緑、グレー、赤などのカビが発生したら、残念ながらそれは失敗。雑菌が原因で生まれてしまったカビです。混ぜるスプーンは、毎回清潔なものを使いましょう。

PART.03

毎日使える!
塩麹レシピ

和えものから炒めもの、煮もの、揚げもの、鍋ものまで、オールマイティに使えるのが塩麹。旬の素材と組み合わせて、麹のおいしさをたっぷり味わってみてください!

漬ける

生野菜の塩麹浅漬け

調理時間
各 **5** 分

日持ち
3～4日

素材のよさを引き出してくれる麹の力をいちばん味わえるのは、
こんなシンプルなメニュー。生野菜に和えるだけで、
一品できあがり！ ご飯にも、お酒のつまみにもぴったり。

材料（2～3人分）

白菜とにんじんの塩麹浅漬け

白菜… 1枚
にんじん … 1/4本
塩麹… 小さじ2

きゅうりの塩麹浅漬け

きゅうり… 2本
塩麹… 大さじ1

ナスの塩麹浅漬け

ナス…2本
塩麹… 大さじ1

つくり方

① 野菜を食べやすい大きさに切る。ナスは3
分ほど水にさらしてから水けを絞る。

② 保存袋にそれぞれの野菜と**塩麹**を入れて、袋
の上から手でもみ込む（写真ⓐ）。空気を抜
いて、冷蔵庫で1日寝かせてからいただく。

MEMO
ここで紹介する野菜以外に、キャベツ、
トマト、レタス、大根、山芋、アボカド
などを切って漬けてもおいしい。旬
の野菜でつくるのがおすすめ。いろ
いろ試してみて！

ⓐ

だしにする

塩 麹 の ス ー プ 3 種

塩麹をお湯に溶かすだけで、滋味あふれるスープに。市販のコンソメやだしの素を
使う必要がありません。冷蔵庫の残り野菜を片づけるのにも、うってつけの一品！

調理時間
各 **15** 分
日持ち
2 ～ 3 日

材料（2～3人分）

ささみと大根の
便秘解消梅スープ

鶏ささみ … 3本
大根 …8cm
卵 …2個
梅干し …2個
A
| 塩麹 …大さじ 1 ～ 1 と 1/2
| 醤油 …小さじ 1
| 酒 …大さじ 1
| 水 …500㎖
片栗粉 …大さじ 1
水 …少々

つくり方

① ささみは筋をとり、ひと口大に切る。大根は 1 cm幅
のいちょう切りにする。梅干しは種をとり、4 等分
にする。

② 鍋に **A** を入れて煮立てて①を加え、アクが出たら
除き、大根がやわらかくなるまで中火で煮る。

③ 卵は溶きほぐす。②が沸騰したら、溶き卵を入れる。

④ 片栗粉を水で溶き、③に加えてとろみをつける。

ピリ辛韓国風スープ

乾燥わかめ …5g
レンコン … 1 節
豆腐 …1/2 丁
A
| 塩麹 …大さじ 1 ～ 1 と 1/2
| 醤油 …小さじ 1
| コチュジャン …小さじ 1/2
| 水 …500㎖
ごま油 …少々

① レンコンは 5mm幅のいちょう切り、豆腐は 2cm角に
切る。

② 鍋に **A** を入れて煮立てたら①と乾燥わかめを加え、
5 分ほど弱火～中火で煮る。器に盛り、食べる直前
にごま油をかける。

あさりと野菜の
ごちそうスープ

あさり …100g
キャベツ …2 ～ 3 枚
しめじ …1/2 パック
ミニトマト …4個
オリーブオイル …大さじ 1
カレー粉 …大さじ 1
A
| 塩麹 …大さじ 1 ～ 1 と 1/2
| 白ワイン（または酒）…大さじ 1
| 水 …500㎖
こしょう …少々

① あさりは砂抜きをする(P.116 参照)。キャベツはざ
く切り、しめじはほぐす。ミニトマトは半分に切る。

② 鍋にオリーブオイルを熱し、キャベツ、しめじを入
れて炒め、カレー粉を加えて混ぜながら炒める。

③ トマトとあさり、**A** を加えて煮立ったら弱火～中火
にして、あさりが口を開くまで 5 分ほど煮る。こしょ
うで味を調える。

漬ける

ザクザク鶏から揚げ

<table>
<tr><td>調理時間
20分</td></tr>
<tr><td>日持ち
2〜3日</td></tr>
</table>

酵素の力で、鶏肉がやわらくしっとり。
ザクザクッ、ふわ〜、ジューシー、とワンランク上のから揚げになること間違いなし！

材料（つくりやすい分量）

鶏もも肉…2枚（500g）
塩麹…大さじ2
醤油…大さじ1
A 酒…大さじ1
ごま油…大さじ1/2
にんにくのすりおろし…小さじ2
片栗粉…適量
揚げ油…適量
いんげん…適量
レモンのくし形切り…適量

つくり方

① 鶏肉をひと口大に切る。ボウルに鶏肉、Aを入れて漬け込んでおく（写真ⓐ）。30分〜ひと晩漬け込むと味がしみる。

② 鶏肉の汁けを切り、片栗粉を全体にまぶす。鍋に揚げ油を180℃に熱し、いんげんを素揚げする。鶏肉を入れ、きつね色になるまで揚げる（揚げ油が180℃以下になると、表面がべちゃっとしやすい）。

③ 器に盛り、揚げたいんげん、レモンを添える。

MEMO

揚げものの油は、無臭タイプのココナッツオイルを使っています（P.181参照）。ザクザクでおいしい揚げものになりますよ。酸化しにくいのと、時間がたってもべちゃっとなりにくいのが嬉しい。

ⓐ

味つけ

豚肉のねぎ塩炒め

調理時間
10分

日持ち
3～4日

豚肉をねぎとにんにくで炒めただけでもおいしいのに、
さらに塩麹が加わると旨みが倍増！　ビールに合うおかずです。

材料（2～3人分）

豚バラ肉…300g
長ねぎ…1/2本
にんにく…1かけ
A｜塩麹…大さじ2と1/2
　｜酒…大さじ1
ごま油…大さじ1

つくり方

① 豚肉は5cm幅に切る。ねぎは小口切りに、に
んにくはみじん切りにする。

② ボウルにAとねぎを混ぜ合わせ、ねぎ塩ダ
レをつくる。

③ フライパンにごま油を熱し、にんにくを炒め、
香りが立ったら豚肉を入れて色が変わるまで
炒める。②を加えて炒め合わせる。

味つけ

キャベツと豚肉の旨塩煮

調理時間
10分

日持ち
3〜4日

野菜や豚肉と塩麹をフライパンに入れて蒸し煮するだけで、旨みが出てびっくりするほどおいしい一品に。油を使わずヘルシー。黒こしょうをふると味が締まります。

材料 (2人分)

豚こま切れ肉 … 200g
キャベツ … 1/4 玉
えのき … 1袋
長ねぎ … 1/2 本
A **塩麹** … 大さじ 3
  酒 … 大さじ 1
レモン汁 … 大さじ 1
黒こしょう … 少々

つくり方

① キャベツ、えのきは食べやすい大きさに切る。ねぎは小口切りにする。

② フライパンに、①と豚肉を入れ、**A** を全体に広げ、フタをして弱火で7分ほど蒸し煮にする。

③ 器に盛り、レモン汁と黒こしょうをふっていただく。

塩麹

旨みジュワッと卵丼

冷蔵庫の残りものをサッと卵でとじる即席丼は、定番ランチです。
オイスターソースでガッツリ味をつけるので、夫も大満足！

調理時間
10分
日持ち
2～3日

材料（2人分）

卵 … 2個
乾燥きくらげ … 2g
長ねぎ … 1/2 本
えのき … 1袋
ご飯 … 茶碗2杯分
油 … 大さじ1/2

A
　塩麹 … 大さじ1
　酒 … 大さじ1
　オイスターソース … 大さじ1
　水 … 100ml
糸唐辛子（あれば）… 適量

つくり方

① 乾燥きくらげは水で戻してから小さく切る。え
　のきは2等分にする。ねぎは斜め薄切りにす
　る。卵は溶きほぐす。A は混ぜ合わせておく。

② フライパンに油を熱し、ねぎ、えのきの順に
　炒める。

③ きくらげと A を②に加えてひと煮立ちした
　ら強火にし、溶き卵を一気に流し入れる。

④ 卵の外側が固まってきたら（写真ⓐ）火を止
　めて、余熱で好みの固さにする。

⑤ 器にご飯を盛って④をかけ、糸唐辛子をの
　せる。

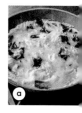

ブロッコリーとのりのナムル

調理時間
10分
日持ち
2～3日

ビタミンCがたっぷりで、野菜なのにたんぱく質も含まれているブロッコリー。
ゆでるのではなく蒸すことで、栄養を逃さずにいただけます！

材料（2～3人分）

ブロッコリー … 1株
水 … 100ml

A
　塩麹 … 大さじ1
　ごま油 … 大さじ1
　にんにくのすりおろし
　　… 小さじ1
のり … 1枚

つくり方

① ブロッコリーは小房に分ける。フライパンに
　ブロッコリーを並べて水を入れ（写真ⓐ）、フ
　タをして3分蒸す。

② ボウルに A を入れて混ぜ、ブロッコリー、
　ちぎったのりを加えて和える。

塩麹鶏ハムのバンバンジー

調理時間
5 分

日持ち
2〜3 日

塩麹をつくったらぜひ試してもらいたいのが、
もみ込んで、お湯に入れて放置するだけでできる鶏ハム。
バンバンジー以外にもサラダやパスタの具など、何かと役立ちます。

材料 （2〜3人分）

鶏むね肉…1枚（250g）
塩麹…大さじ2
オリーブオイル…大さじ1
タレの材料
　　醤油…大さじ1
　　長ねぎのみじん切り…1/2本分
　　酢…大さじ1/2
　　てんさい糖…大さじ1/2
　　味噌…大さじ1/2
　　すりごま…大さじ1
　　ごま油…大さじ1
きゅうり…1/2本
塩…少々

MEMO
高たんぱく・低脂肪・そのうえリーズナブルな鶏むね肉を使った鶏ハムは、食卓にぜひ取り入れたいメニュー。タレをかけず、そのまま食べてもおいしいです。

つくり方

① 鶏肉は皮をとり、フォークで全体に穴をあけて保存袋に入れ、**塩麹**とオリーブオイルを加えて、袋の上から手でもみ込む。

② 保存袋（湯煎できるもの）の空気を抜いて口を閉じ、沸騰した湯に入れて、3分ほど加熱する（写真ⓐ）。火を止めてフタをしたら、湯が冷めるまで置いておく。

③ ボウルにタレの材料を混ぜ合わせる。きゅうりは細切りにしてボウルに入れ、塩でもんで5分ほど置いてから水けを絞る。器に、食べやすく切った鶏肉を盛り、タレをかけ、きゅうりを添える。

塩麹

味つけ

鮭の塩麹ちゃんちゃん焼き

調理時間
20分

日持ち
2〜3日

塩麹が鮭の旨みを引き出してくれるから、ちゃんちゃん焼きもおすすめのメニュー。
塩麹を混ぜたタレをぬって、濃い目の味つけにすれば、白いご飯にぴったり。

材料（2人分）

鮭の切り身… 2切れ
キャベツ… 3〜4枚
にんじん…1/2本
もやし…1/2袋

A
塩麹…大さじ2
味噌…大さじ1
酒…大さじ1
みりん…大さじ1
にんにくのすりおろし…小さじ1
バター…15g

つくり方

① キャベツはざく切り、にんじんは細切りにする。
もやしはさっと洗う。A は混ぜ合わせておく。

② アルミホイルに、①の野菜の1/2量を入れ、
鮭1切れをのせて A の1/2量をぬり、さらに
バター1/2量をのせて包む。同じように、
もうひとつつくる。

③ フライパンに②を入れ、水（分量外）を1cm
ほど注ぐ。フタをして、12分ほど蒸す。

塩麹

だし

鯛だし塩麹スープ

鯛のだしが塩麹と混ざり合って、絶妙なおいしさに。
安価な「鯛のアラ」でもおいしいだしが取れるので、試してみて。

調理時間
10分

日持ち
2〜3日

材料（3人分）

鯛の切り身…2切れ
もやし…1/2袋
塩麹…大さじ1

A
塩麹…大さじ1
酒…大さじ1
水…500㎖

小ねぎ…適量

つくり方

① _ 鯛の表面に**塩麹**をぬって5分ほどおく。

② _ 鍋に**A**を入れて煮立ったら、鯛ともやしを
入れ、弱火で7分ほど煮る。

③ _ 器に盛り、小口切りにした小ねぎを散らす。

だしにする

豚と白菜のガーリック塩麹鍋

調理時間
20分

日持ち
1～2日

塩麹は、鍋の味つけにもうってつけ。固くなりやすい豚肉も、
麹の力でやわらかく、消化よく。具を変えて色々と楽しめるメニューです。

材料（2～3人分）

豚ロース薄切り肉…250g、白菜…1/4 個
ニラ…1/2 袋、にんにく…1 かけ

A | 塩麹…大さじ3、酒…大さじ2
　　 | 醤油…大さじ1、水…700㎖

B | 塩麹…大さじ2
　　 | 長ねぎのみじん切り…1/2 本分
　　 | にんにくのすりおろし…小さじ2

ごま油…大さじ1、塩…少々
いりごま・こしょう（お好みで）…各適量
レモンの輪切り…3 枚（レモン汁大さじ1でも）

つくり方

① 豚肉は 5cm幅に切る。白菜はざく切り、ニラ
　 は 5cm幅に切る。にんにくは薄切りにする。

② 鍋にごま油を熱し、にんにくを炒め香りが
　 立ったら、白菜と豚肉、**A** を入れる。豚肉に
　 火が通ったら **B** を加える。

③ 白菜が好みのやわらかさになるまで火を通
　 し、塩で味を調える。ごまとこしょうをふり、
　 ニラとレモンの輪切りをのせる。

漬ける

さ さ み の 塩 麹 ピ カ タ

調理時間
10分
日持ち
3〜4日

イタリア料理のピカタも、ささみと塩麹を使えばヘルシーな一品に。
冷めてもおいしいので、お弁当にもぴったりです。

材料（2〜3人分）

鶏ささみ…4本
塩麹…大さじ2
こしょう…適量
油…大さじ1
米粉…適量
卵…1個
ベビーリーフ…適量
レモン…適量

つくり方

① ささみは筋をとり、**塩麹**をぬり、こしょうを
ふる。

② ささみに米粉をまぶす。ボウルに卵を割りほ
ぐし、ささみをくぐらせる。

③ フライパンに油を熱し、②を片面ずつじっ
くり焼き、中まで火を通す。器に盛り、ベビー
リーフとレモンを添える。ケチャップをつけ
てもおいしい。

鶏ときのこの包み焼き

調理時間
15分

日持ち
3〜4日

塩麹をまぶした肉はそのまま焼くと焦げやすいけれど、ホイル焼きなら失敗なし。
素材のおいしさが存分に味わえます。

材料（2〜3人分）

鶏もも肉… 1枚（250g）
まいたけ… 1/2 パック
エリンギ… 1 パック
ローズマリー…1/2 枝

塩麹…大さじ2
オリーブオイル…大さじ1
A 粒マスタード…小さじ1/2
はちみつ…小さじ1/2
酒…大さじ1

つくり方

① 鶏肉はひと口大に切る。まいたけはほぐし、エリンギは食べやすい大きさに切る。A は混ぜ合わせておく。

② アルミホイルに鶏肉、まいたけ、エリンギをのせ、A をかける。ローズマリーをのせて包む。

③ フライパンに②を入れ、水（分量外）を 1 ㎝ほど注ぐ。フタをして、7 分ほど蒸す。

和える

ホタテとアスパラガスのマリネ

調理時間
10分

日持ち
1〜2日

塩麹を使って、マリネもつくれます。ホタテは生食用でも、蒸しホタテでもOK。
火を使わずにできるので、忙しいときにも助かるメニューです。

材料 （2人分）

ホタテ … 90g
アスパラガス … 4本
パプリカ（黄）… 1/2個

A
塩麹 … 大さじ1
乾燥バジル … 大さじ1/2
レモン汁 … 大さじ1
オリーブオイル … 大さじ1

つくり方

① _ アスパラガスは筋をとり、斜めに切って、熱
湯でゆでる。パプリカは細切りにする。**A** は
混ぜ合わせておく。

② _ ボウルに、ホタテ、アスパラガス、パプリカ
を入れ、**A** で和える。

漬ける

ゴーヤチャンプルー

調理時間
15分

日持ち
2～3日

苦みが特徴のゴーヤですが、塩麹に漬けた肉と合わせると旨みがアップして、
ご飯がすすむメインのおかずに。ゴーヤが苦手な夫も絶賛の一品です。

材料（2～3人分）

豚こま切れ肉…200g
ゴーヤ…1本
豆腐（木綿）…1丁（350g）
卵…2個
塩麹…大さじ1
米粉…大さじ1
塩…小さじ1/2
油…大さじ1/2
ごま油…大さじ1
A ┌ 醤油…大さじ1
　├ オイスターソース…大さじ1
　└ 酒…大さじ1
鰹節（お好みで）…適量

MEMO

豆腐の水切りは、ペーパータオルで
包んでバットにのせ、上から重石を
のせ、30分ほど置きます。時間がない
ときは、ペーパータオルで包んで耐
熱容器にのせ、電子レンジで2～3分
加熱を。

つくり方

① ゴーヤは縦半分に切って種とわたをスプーン
　で取り除き、2～3mm幅に切る。ボウルにゴー
　ヤを入れ、塩をふってもみ込んで5～10分
　置く。水けが出たら絞る。

② 豆腐を水切りする（MEMOを参照）。**A**は混
　ぜ合わせておく。

③ ボウルに豚肉を入れて混ぜ、**塩麹**をもみ込み
　2～3分置く。炒める直前に米粉をまぶす。

④ フライパンに油を熱し、豆腐を入れて崩しな
　がら軽く焼き目がつくまで炒め（写真@）、
　いったん皿に取り出す。

⑤ 同じフライパンにごま油を熱し、③を入れ
　て炒め、色が変わったら①を加えてさらに
　炒める。豆腐を戻し入れ、**A**を加えて炒め合
　わせる。

⑥ フライパンの端に具材を寄せて、空いたス
　ペースに溶きほぐした卵を入れ、かき混ぜな
　がら火を通す。全体を炒め合わせて、器に盛
　り、お好みで鰹節をかける。

@

塩麹

漬ける　　味つけ

ご飯がすすむ塩麹いり豆腐

メインになりにくい豆腐も、肉や野菜をプラスして炒めれば、
具だくさんの一品に。ご飯にのせてもおいしいです。

調理時間
各 **15** 分

日持ち
2〜3日

材料（2〜3人分）

豆腐（木綿）… 1丁（350ｇ）
鶏もも肉…100g、にんじん…1/2本
いんげん…10本、しいたけ…5個
卵…2個、**塩麹**…小さじ2

A | **塩麹**…大さじ2
　　| みりん…大さじ1
　　| 醤油…大さじ1

油…大さじ1

つくり方

① 豆腐は水切りをする（P.64参照）。鶏肉は小さく切っ
てボウルに入れ、**塩麹**をもみ込んでおく。にんじん
は細切りに、いんげんは小口切りにする。しいたけ
は薄切りにする。卵は溶きほぐす。**A**は混ぜ合わせ
ておく。

② フライパンに油を熱し、鶏肉を炒め、にんじん、い
んげん、しいたけを加えてさらに炒める。

③ 豆腐を加え、軽く崩しながら3分ほど炒める（写真
ⓐ）。**A**を加えて水分が飛んだら溶きほぐした卵を
回し入れ、卵が固まるまで炒め合わせる。

MEMO
豆腐から出る水けで味が
ぼんやりしないように、
濃い目の味つけにしてい
ます。薄味が好みの方は、
Aの塩麹の量を調整して
ください。

和える

厚揚げと彩り野菜の香味和え

調理時間
10分
日持ち
2〜3日

夏野菜を使った、彩りのいいメニュー。
しょうがや大葉やみょうがなどの香味野菜を加えることで、爽やかな一品になります。

材料（2〜3人分）

厚揚げ…1袋
トマト…中1個
ナス…中1本
大葉…2枚
みょうが…1本

A
  塩麹…大さじ2
  しょうがのすりおろし…小さじ2
  酢…大さじ1
  醤油…小さじ2
  いりごま…大さじ2
ごま油…大さじ1

つくり方

① 厚揚げはひと口大に切る。ナスは1cm幅の輪切りにし、トマトは食べやすい大きさに切る。大葉は千切りに、みょうがはみじん切りにする。**A**は混ぜ合わせておく。フライパンにごま油を熱し、ナスを加えて油がなじむま

② で炒める。厚揚げを加えてさっと炒め合わせる。火を止めてボウルに移し、トマト、大葉、みょうが、

③ **A**を加えてさっと混ぜる。冷やしてもおいしい。

ピーマンとじゃこの炒めもの

調理時間
10分

日持ち
2〜3日

定番の一品も、塩麹を使うといつもと違う味わいに。
ピーマンが苦手という人も、これなら好きと言ってくれるはず！

材料（2〜3人分）

ピーマン…4個
じゃこ…70g
塩麹…大さじ1と1/2
ごま油…大さじ1
いりごま…大さじ1

つくり方

① ピーマンは細切りにする。

② フライパンにごま油を熱し、ピーマンを入れてしんなりするまで炒める。じゃこと**塩麹**を加えてさっと炒め、器に盛ってごまをふる。

味つけ

万能塩麹鶏そぼろ

調理時間
10分

日持ち
4〜5日

塩麹を使った鶏そぼろは、忙しい人におすすめの常備菜。
そのままご飯にのせてもいいし、いろいろな料理に使えてまさに「万能」なおかずです。

材料（つくりやすい分量）

鶏ひき肉…250g
塩麹…大さじ2と1/2
油…大さじ1/2
酒…大さじ1
てんさい糖…小さじ1

つくり方

① ボウルにひき肉と**塩麹**を入れて混ぜ合わせる。

② フライパンに油を熱し、①を入れて炒める。
　色が変わったら酒とてんさい糖を入れて、調
　味する。

MEMO
鶏ひき肉を使うときは、鶏むね肉や
鶏もも肉を買って、フードプロセッ
サーでミンチにしています。好みの
部位でひき肉がつくれます。

こんな料理に使える！

万能塩麹鶏そぼろをつくっておけば、こんな料理に使いまわせます。お弁当づくりにもお役立ち！

コロッケのたねに

ゆでたじゃがいもに混ぜ込むだけで、コロッケのたねが完成。

野菜のトッピングに

アボカドやレタス、オクラなどの野菜にかけるだけで一品に。

おにぎりの具に

ご飯に混ぜて握る。枝豆などと一緒に混ぜるのもおいしい。

味つけ

春菊とレンコンの鶏つくね

塩麹の力で、ふんわり、風味豊かに仕上がります。
蒸し焼きにすることでジューシーに。レンコン、塩麹が入った腸活メニューです。

調理時間
20分

日持ち
4〜5日

材料（2〜3人分）

鶏ひき肉…200g
レンコン…100g
春菊…1束
A 　塩麹…大さじ1と1/2
　　片栗粉…大さじ1
油…大さじ1
タレの材料
　　醤油…大さじ1
　　みりん…大さじ1
　　酒…大さじ1
いりごま…適量
七味唐辛子（お好みで）…適量
大根おろし（お好みで）…適量

MEMO
レンコンをみじん切りにするときには すこし粗めにすると、よりシャキシャキの食感を楽しめます。

つくり方

① レンコン、春菊はみじん切りにする。

② ボウルにひき肉と①と A を加えて練り混ぜる（写真 ⓐ）。6等分にし、形を整える。

③ フライパンに油を熱し、②を入れて2分焼いて、裏返して1分焼く（写真 ⓑ）。フタをして弱火で2分蒸し焼きにして、中まで火を通す。

④ タレの材料を加え、煮からめる。照りが出たら器に盛り、ごまをふる。お好みで七味唐辛子をかけたり、大根おろしと一緒に食べてもおいしい。

下味　　味つけ

手羽元の参鶏湯風

韓国の伝統料理、参鶏湯。圧力鍋を使えば家庭でも
手軽に参鶏湯風のメニューがつくれます。手羽元に
塩麹をもみ込んでおけば、コクが増してしっとりやわらかく。

材料（2～3人分）

鶏手羽元…250g
大根…8cm
長ねぎの青い部分…1本分
塩麹…大さじ2
しょうが…1かけ
（またはしょうがのすりおろし小さじ1）

A
	塩麹…大さじ1
	酒…50mℓ
	水…700mℓ

糸唐辛子（あれば）…適量

つくり方

①_ ボウルに手羽元と**塩麹**を入れ、もみ込み（写
真ⓐ）、10分ほど置く。大根は5mm幅のいちょ
う切りに、しょうがは薄切りにする。

②_ 圧力鍋に、①とA、ねぎを入れる（写真ⓑ）。
30分ほど加圧する。

③_ 器に盛り、糸唐辛子をのせる。

MEMO
脂が気になる方は、圧力鍋でなく普通の鍋で、余分
な脂を取り除きながらつくるのがおすすめです。
沸騰したら弱火で45分ほど煮込んでください。

炊飯器でつくるカオマンガイ

炊飯器にすべての材料を入れるだけで、失敗なし！
鶏のゆで汁と塩麹の旨みが染みたご飯が、たまらないおいしさです。

材料（2～3人分）

鶏むね肉…1枚（250g）
米…2合
長ねぎの青い部分…1本分
水…350㎖

A
塩麹…大さじ1
ナンプラー…大さじ1
にんにくのすりおろし…小さじ1
しょうがのすりおろし…小さじ1

タレの材料
醤油…大さじ1
酢…大さじ1/2
てんさい糖…小さじ1
ナンプラー…大さじ1/2
長ねぎのみじん切り…1/4本分
にんにくのすりおろし…小さじ1/2
しょうがのすりおろし…小さじ1/2
ごま油…大さじ1

きゅうり、トマト、ベビーリーフなど
の野菜…適量
レモンのくし形切り…適量

つくり方

① 保存袋に鶏肉と **A** を入れて、袋の上から手でもみ込み、10分ほど置いておく（写真ⓐ）。米はとぎ、ざるにあげておく。

② 炊飯器に、①、ねぎを入れ、水を加えて普通に炊く（写真ⓑ）。

③ タレの材料を混ぜ合わせておく。炊き上がったら、鶏肉を取り出して食べやすく切る。器に、ご飯、鶏肉、野菜を盛り、レモンを添え、鶏肉にタレをかける。

MEMO
肉に麹調味料をもみ込んでから、10分置いただけでも十分味は染み込みますが、ひと晩置いておくとより深い味になります。鶏肉と一緒に入れた長ねぎは、捨てずにそのまま食べてもいいし、スープなどの具にしても。

塩麹

味つけ

ひじきといんげんと
にんじんの白和え

調理時間
15分

日持ち
1～2日

基本の和食「白和え」も、塩麹があればやさしい甘みの仕上がりに。
豆腐の水切りをしっかりするのがポイントです。

材料 （2～3人分）

豆腐 … 1丁（350g）
乾燥ひじき … 5g
にんじん … 1/2本
いんげん … 10本
A | 塩麹 … 大さじ1
醤油 … 小さじ1/2
練りごま … 小さじ1
すりごま … 大さじ1

つくり方

① _ 豆腐は水切りしておく（P.64参照）。乾燥ひじきは、水に浸けて戻しておく。

② _ にんじんは細切り、いんげんは小口切りにする。一緒にボウルに入れ、ラップをして1分半～2分電子レンジで加熱する。

③ _ ②に豆腐をくずし入れ、ひじきと**A**を加えてさらに混ぜる。

和える

長いもとオクラと
エリンギのホットサラダ

調理時間
15分

日持ち
1～2日

ホットサラダなら、野菜がたっぷりとれます。
塩麹でつくったドレッシングを混ぜるだけで、ワザありの一品に。

材料（2～3人分）

長いも … 5cm
オクラ … 1袋
エリンギ … 1パック
オリーブオイル … 大さじ1

A
　塩麹 … 大さじ1
　粒マスタード … 小さじ1
　はちみつ … 小さじ1/2
　オリーブオイル … 大さじ1
　酢 … 大さじ1

つくり方

① _ 長いもは1cm角の棒状に、オクラは斜めに切る。エリンギは食べやすい大きさに切る。

② _ オーブントースターの受け皿に①を並べて、オリーブオイルをまわしかけて7分焼く。ボウルに入れ、**A**を加えて和える。

PART.04

いろいろな麹調味料を
つくってみよう

塩麹メニューに挑戦して、麹料理の楽しさがわかってきたら、
今度は違う麹調味料をつくってみませんか？　さらにメ
ニューの幅が広がり、料理が楽しくなってくるはずです！

醤油麹 のつくり方

醤油と麹でできた調味料なので、旨みがたっぷり！

材料（つくりやすい量）

乾燥米麹……200g

醤油……200㎖（初めの量）

（ヨーグルトメーカーでつくる場合、
醤油は1.5倍の300㎖にする）

① —

麹をほぐし、醤油を混ぜる

ボウルに麹を入れ、固まっていたら手で
ほぐす。醤油を入れて混ぜ合わせる。腐
敗しにくくなるように、しっかり混ぜる。

▼

② —

発酵させる

消毒した保存容器に移して、常温で発
酵させる。1日1回、清潔なスプーンで
かき混ぜる。麹が水分を吸ってしまっ
たら、浸かるように（50㎖ずつくらい）醤
油を足す。気温によって4～10日ほどで
完成する。麹がやわらかくなったら冷
蔵庫で保存し、3カ月以内に食べきる。

醤油麹のここがすごい！

① 旨みが塩麹の10倍以上！

旨み成分であるグルタミン酸が、塩麹の10倍以上。もともと、醤油自体が発酵調味料なので、旨みが強いのです。

上澄みがおいしい！

上澄みだけを、刺身や卵かけご飯に使うのもおすすめ。

こうなったら完成！

② 醤油を使うより減塩になる

一般的な醤油の塩分量は15%前後。醤油麹の場合、半分は麹なので、塩分量はおよそ8%になる。旨みもアップして減塩効果も！

粒がやわらかくなり、とろみがついて、なめてみるとまろやかな醤油の味になっていれば完成。

③ 美肌効果が期待できる

シミの原因になるメラニンをできにくくする麹菌、皮膚の脂っぽさを抑えるビタミンB₂、肌荒れやくすみ、ハリの衰えを改善するビタミンB₆、皮脂量を正常化するイノシトールなど、美容成分がたくさん含まれている。

料理のヒント

醤油の代わりに使用するときは、1.5〜2倍にするのが目安。焦げやすいので火加減は弱火に。炒めものに使うときは最後に加えてください。和風料理によく合いますが、私は洋風料理の隠し味に使うことも。

ふわとろ親子丼

調理時間 **15** 分
日持ち **2〜3** 日

塩麹に漬け込んだ鶏肉と玉ねぎを、醤油麹で味つけするから、
W麹パワーで間違いなしのおいしさ。卵もふわっふわになります！

材料 （2人分）

鶏もも肉…200g
玉ねぎ…1個
卵…3個
塩麹…大さじ1
ご飯…茶碗2杯分
油…大さじ1

A
　醤油麹…大さじ2
　酒・みりん…各大さじ1
　水…200㎖
　てんさい糖…小さじ2
三つ葉（あれば）…適量

つくり方

① _ 鶏肉をひと口大に切る。ボウルに鶏肉と**塩麹**を入れて、もみ込む。玉ねぎはくし形切りにする。卵は溶きほぐす。**A**は混ぜ合わせておく。

② _ フライパンに油を熱し、鶏肉を入れて焼き色がつくまで弱火で焼く（写真@）。玉ねぎを加えて、しんなりするまで炒める。

③ _ ②に**A**を加えて煮立ったら、溶き卵を加え、周りが固まってきたら火を止める（写真ⓑ）。好みの固さになるまで余熱で火を通す。

④ _ 器にご飯を盛って③をかけ、三つ葉をのせる。

タコときゅうりのピリ辛和え

調理時間 **5** 分
日持ち **1〜2** 日

醤油麹に豆板醤を混ぜたピリ辛ソースは、思わず箸がすすむおいしさ。
暑くて食欲のない日にもぴったりです。

材料 （2〜3人分）

タコ…200g
きゅうり…1本
トマト…1個

A
　醤油麹…大さじ2
　ごま油…大さじ1
　豆板醤…小さじ1
　酢…大さじ1

つくり方

① _ 材料をすべてひと口大に切る。

② _ ボウルに①と**A**を入れ、よく和える。

醤油麹

漬ける　　味つけ

醤油麹のしらたきチャプチェ

調理時間
20分

日持ち
4～5日

牛肉と醤油麹との相性は抜群。ついついご飯がすすむ味です。
しらたきを使うことで食感がよくなり、カロリーダウンにもなります。

材料（2-3人分）

牛切り落とし肉…150g
しらたき…1袋
玉ねぎ…1個
にんじん…1本
しめじ…1/2パック
ニラ…1/2袋
にんにく…1かけ
ごま油…大さじ1
醤油麹…大さじ1

A
|　**醤油麹**…大さじ1
|　酒…大さじ1
|　コチュジャン…小さじ2
|　にんにくのすりおろし…小さじ1

いりごま（お好みで）…適量
糸唐辛子（お好みで）…適量

MEMO
野菜はお好みで替えても
OKです。きのこ類も相性が
よいので、おすすめですよ。

つくり方

① 玉ねぎは薄切り、にんじんは細切りにする。しめじはほぐし、ニラは3cm幅に切る。にんにくはみじん切りにする。ボウルに牛肉と**醤油麹**を入れ、もみ込む（写真ⓐ）。Aは混ぜ合わせておく。

② しらたきは食べやすい長さに切り、水分が抜けるまで3分ほど炒め（写真ⓑ）、いったん取り出す。

③ フライパンにごま油を熱し、にんにくを炒める。香りが立ったら玉ねぎ、にんじんを加えて、しんなりするまで炒める。

④ 牛肉を入れ、肉の色が変わるまで炒めたら、②を戻し入れて炒める。

⑤ Aとニラを加えて、全体に味がいきわたるように炒め合わせる。皿に盛り、お好みでいりごまをかけ、糸唐辛子をのせる。

野菜たっぷりガパオライス

エスニック料理づくりにも、醤油麹はお役立ち！
鶏ひき肉に混ぜ合わせることで、旨みがアップします。

材料 (2人分)

鶏ひき肉…200g
玉ねぎ…1個
パプリカ（赤）…1個
にんにく…1かけ
醤油麹…大さじ1
オリーブオイル…大さじ1
オイスターソース…大さじ1と1/2
乾燥バジル…大さじ1
ご飯…茶碗2杯分
卵…2個

つくり方

① ボウルにひき肉、**醤油麹**を入れて、混ぜ合わせる（写真ⓐ）。

② 玉ねぎはみじん切りにする。パプリカは1cm角に切る。にんにくはみじん切りにする。

③ フライパンにオリーブオイルを熱し、にんにくを炒め、香りが立ったら玉ねぎを加えて炒める。①、パプリカの順番に加え、ひき肉に火が通り、野菜がしんなりするまで炒め、オイスターソースとバジルを加えて味を調える。

④ 器に、③とご飯を盛り、目玉焼きを焼いてのせる。

MEMO

玉ねぎのみじん切りには、手動チョッパーを使います。あっという間に刻めて、目もしみません。お手入れが簡単なのも◎。

ⓐ

白身魚の和風ムニエル

醬油麹にバターを混ぜるだけで、コクのあるおいしいソースに。
白身魚の繊細な味わいとマッチします。

調理時間
20分

日持ち
2〜3日

材料（2人分）

白身魚 … 2 切れ
ピーマン … 1/2 個
ナス … 1/2 本
パプリカ（黄）… 1/3 個
塩・こしょう … 各少々
米粉 … 適量
オリーブオイル … 大さじ 2
塩麹 … 大さじ 1
A｜**醬油麹** … 大さじ 2
　｜バター … 20g

つくり方

① 白身魚は塩、こしょうをふって米粉をつける。野菜はみじん切りにする。

② フライパンにオリーブオイル大さじ 1 を熱し、野菜を入れて炒め、**塩麹**で調味して取り出し、器に盛る。

③ 同じフライパンにオリーブオイル大さじ 1 を熱し、白身魚を入れて片面ずつ焼き色がつくまで焼き、取り出して②にのせる。

④ 同じフライパンに **A** を入れて火にかけ、とろみがついたら火を止め、③にかける。

ごぼうと豆腐の炒めもの

〝映えない〟おかずだけれど、毎日食べても飽きない、また食べたくなる味なんです。
甘みが欲しい人は、白だしをめんつゆに替えて。

調理時間
15分

日持ち
2～3日

材料（2～3人分）

豆腐…1/2丁（175g）
いんげん…6～7本
ごぼう…1本
油…大さじ1
A | **醤油麹**…大さじ2
　　| 白だし…大さじ1
いりごま…適量

つくり方

① 豆腐は水切りをして（P.64 参照）、3cm角
　 に切る。ごぼうは斜め薄切りに、いんげ
　 んは斜めに切る。

② フライパンに油を熱し、ごぼうと豆腐を
　 入れ、焼き色がつくまで炒める。

③ いんげんを加えて2分ほど炒めたら、**A**
　 を加えてさっと炒める。器に盛り、ごま
　 をふる。

醤油麹

味つけ

豆乳担々スープ

豆乳のマイルドさと、ピリ辛の調味料が合わさって、
やみつきになるおいしさの担々スープ。醤油麹でコクが出ます。

調理時間
15 分

日持ち
1〜2 日

材料（2〜3人分）

豚ひき肉…100g
キャベツ…1枚
にんじん…1/4本
玉ねぎ…1/4個
にんにく…1かけ
ごま油…大さじ1
すりごま…大さじ1
酒…大さじ2
水…200㎖

A
| **醤油麹**…大さじ1
| 豆板醤…小さじ1/2
| 甜麺醤…小さじ1
| 味噌…大さじ1

無調整豆乳…200㎖
ラー油（お好みで）…適量
糸唐辛子（お好みで）…適量

つくり方

① キャベツはざく切り、にんじんは細切り、玉ねぎは薄切り、にんにくはみじん切りにする。

② 鍋にごま油を熱し、にんにく、ひき肉、ごまを入れて炒める。キャベツ、にんじん、玉ねぎを加えて、さらに炒める（写真ⓐ）。

③ 野菜がしんなりしたら、酒、水を加えて煮立たせる。豆乳とAを入れて（写真ⓑ）よく混ぜ、沸騰する直前で火を止める。器に盛り、お好みでラー油をたらし、糸唐辛子をのせる。

MEMO
もし甜麺醤がない場合は、味噌を少し多めにしてください。辛いのが苦手な方は、豆板醤をコチュジャンに替えるといいと思います。

和える

豆苗とささみの梅肉和え

ヘルシーなささみと食感のいい豆苗、さらに梅の酸味が加わって、
さっぱりとした一品に。ちょっと胃が疲れたときにもおすすめ！

材料 （2〜3人分）

豆苗…1袋
鶏ささみ…3本
酒…大さじ1
タレの材料（つくりやすい量）
　醤油麹…大さじ1
　梅干し…1個
　（種を取り、たたく）
　酢…大さじ1
　てんさい糖…小さじ1
　ごま油…大さじ1

つくり方

① 豆苗は食べやすい長さに切り、ボウル
に入れてラップをかけ、電子レンジで
1分加熱する。

② ささみは耐熱容器に入れて酒をふり
（写真ⓐ）、ラップをかけて電子レンジ
で1分30秒、一度出して裏返して1
分30秒加熱をする。粗熱がとれたら
手でちぎる。

③ タレを混ぜ合わせておく。①に②を
入れ、味見しながらタレ（お好みの量）
を加えてよく混ぜる。

ⓐ

和える

海藻ナムル

韓国の家庭料理ナムルも、麹調味料を使って簡単につくれます。
醤油麹とごま油、にんにくの香りでやみつきに！

材料 （2〜3人分）

ほうれん草…1わ
にんじん…1本
乾燥わかめ…大さじ1
　醤油麹…大さじ1
　ごま油…大さじ1
A　にんにくのすりおろし
　…小さじ1
　すりごま…大さじ1

つくり方

① ほうれん草は、熱湯でさっとゆでて食べやす
い大きさに切る。にんじんは細切りにして、
耐熱容器に入れてラップをかけ、電子レンジ
で2分加熱する。わかめは水で戻しておく。

② ボウルに①を入れ、Aを加えてよく和える。

玉ねぎ麹 のつくり方

玉ねぎ麹はコンソメより味が濃厚で、素材の味を生かしてくれる万能調味料。
料理に使うと、旨みとコクが増してお代わりが止まらないおいしさ!

材料 (つくりやすい量)

乾燥米麹 …… 100g
玉ねぎ …… 300g
塩 …… 35g

① ― 麹をほぐし、塩を混ぜる

ボウルに麹を入れ、固まっていたら手でほぐす。塩を入れて混ぜ合わせる。

② ― 玉ねぎをペースト状にする

玉ねぎを乱切りして、フードプロセッサーに入れてかくはんし、ペースト状にする(フードプロセッサーがない場合は、すりおろす)。

③ ― 麹に玉ねぎを混ぜる

①に玉ねぎペーストを混ぜ合わせる。腐敗を防ぐために、底からしっかりと混ぜ合わせる。

④ ― 発酵させる

消毒した保存容器に移して、常温で発酵させる。1日1回、清潔なスプーンでかき混ぜる。気温によって4〜10日ほどで完成する。冷蔵庫で保存し、3カ月以内に食べきる。

玉ねぎ麹のここがすごい！

① 玉ねぎの栄養成分がそのまま摂れる！

玉ねぎには食物繊維やカリウム、オリゴ糖、抗酸化作用のあるケルセチンなどの栄養成分が含まれています。血液サラサラ、高血圧予防、そして腸内環境を整える作用も。玉ねぎ麹で、こういった玉ねぎの栄養成分がそのまま摂れます！

こうなったら完成！

麹がやわらかくなり、色が茶色っぽくなり（ピンクやベージュでもOK）、ツンとする辛い香りから甘い香りに変化したら完成。

② コンソメよりも旨みとコクがある

旨みとコクがたっぷりあるので、市販のコンソメを使う必要はありません。これひとつで味つけが完了してしまうから、料理が苦手な方でも使いやすいのです。私は塩麹と同じくらい、もしかしたらそれ以上に使っています。

③ 代謝や免疫力がアップする！

玉ねぎに含まれる硫化アリルが血行を促進し、体温を上げるので、余分な脂肪が燃焼しやすくなります。また、硫化アリルの一種アリシンは、免疫力アップや疲労回復に役立ちます。

料理のヒント

スープやドレッシングはもちろん、洋風料理の味つけに、コンソメ代わりに使えます。クリーム煮の味つけや、グラタン、ひき肉料理などに便利。

麹ハンバーグ

和風ポトフ

味つけ

麹ハンバーグ （写真P.98）

調理時間
20分
日持ち
2〜3日

卵なし！ 玉ねぎを炒めなくてもOK！ たねにもソースにも玉ねぎ麹を
混ぜることで、ふんわりおいしいハンバーグになります。

材料 （2人分）

合いびき肉 … 250g
玉ねぎ … 1/2個
玉ねぎ麹 … 大さじ2

A
| **玉ねぎ麹** … 大さじ1
| ケチャップ … 大さじ2
| ウスターソース … 大さじ2
| 醤油 … 大さじ1

つくり方

① _ 玉ねぎはみじん切りにする。 ボウルにひき肉と玉ねぎ、**玉
ねぎ麹**を入れ、 粘りが出るまで混ぜる（写真ⓐ）。

② _ 手に油（分量外）を塗り、①を2等分にして両手でキャッ
チボールをするように打ちつけて空気を抜き、 小判形に成
形する（写真ⓑ）。

③ _ フライパンに油はひかず、②をのせてから弱火で火をつけ、
ジューッと音がしたら中火にし、 3分焼く。 ひっくり返して
1分間焼き、 水大さじ2（分量外）を入れたらフタをして、
弱火で4分焼く。 フタをしたまま5分おいて、 余熱で中ま
で火を通す。

④ _ 同じフライパンにAを入れて煮立たせ、 よく混ぜてソース
をつくり、 ハンバーグにかける。

味つけ

にんじんのグラッセ （写真P.98）

調理時間
20分
日持ち
3〜4日

つけ合わせのグラッセにも、玉ねぎ麹をプラス。
にんじんの甘みを引き出して、コクのある味になります。

材料 （2人分）

にんじん … 1本

A
| **玉ねぎ麹** … 大さじ1と1/2
| バター … 15g
水 … 適量

つくり方

① _ にんじんを長さ5cmの長方形に切る。

② _ 小鍋に①とAを入れる。にんじんが半分浸るくらいの
水を加えて火にかける。煮立ったら弱火にし、水分がな
くなるまで煮詰める。

和風ポトフ (写真P.99)

和風だしを使ったポトフです。野菜がたくさんとれるし、
体があったまるから寒い日にぴったり。玉ねぎ麹で深〜い味に。

材料 (2〜3人分)

赤かぶ … 中1個
にんじん … 中1本
ごぼう … 中1本
しいたけ … 4個
ブロッコリー … 1/2株

A
玉ねぎ麹 … 大さじ3
だしパック … 1袋
酒 … 15mℓ
水 … 500mℓ
ローリエ … 1枚

つくり方

① かぶ、にんじんは食べやすい大きさに切る。ごぼうは
　5cmに切り、しいたけは半分に切る。ブロッコリーは
　小房に分ける(写真ⓐ)。

② 電気圧力鍋に①、A を入れ(写真ⓑ)、7分加圧する。
　普通の鍋の場合、野菜に火が通るまで15分ほど煮る。

MEMO

私が使っているだしは、マエカワの「天然だしパック」。いわし節とかつお節をベースに、昆布、しいたけがバランスよく配合されていて、食塩や化学調味料は無添加です。

マッシュポテト (写真P.98)

塩を加えなくても、黒こしょうのピリ辛とバターのコクで満足感のある味に。
豆乳をプラスすることで、なめらかな食感になります。

材料 (2人分)

じゃがいも … 1個
豆乳 … 大さじ1
バター … 大さじ1/2
黒こしょう(お好みで)
… 適量

つくり方

① じゃがいもは小さめに切る。鍋にじゃがいもとひたひた
　の水(分量外)を入れ、やわらかくなるまで煮る。湯を
　捨て、豆乳、バターを加え、じゃがいもをつぶす。

② お好みで黒こしょうをかける。

発酵カレー

市販のカレールウを使わずにできる、胃にやさしいカレー。
甘酒の甘みと玉ねぎ麹の味が加わって、新しい「うちの定番カレー」に！

調理時間
30分

日持ち
2〜3日

材料（2人分）

鶏もも肉…1枚（250g）
ナス…1/2本
パプリカ（黄）…1/2個
エリンギ…1/2パック
玉ねぎ……大1個
トマト缶（カット）…200g
オリーブオイル…大さじ2
甘酒…200㎖
カレー粉…大さじ3

A | **玉ねぎ麹**…大さじ3
　　| 味噌…大さじ1

ご飯…茶碗2杯分
※私は酵素玄米を使っていますが、
白米でも、サフランライスでもOKです。

MEMO
旬の野菜を焼いてのせると、彩りがよく、栄養価もアップします。トースター以外に、魚焼きグリルや、フライパンで焼いてもOK。甘酒を甘麹からつくる方法は、P.136〜137を参照してください。

つくり方

① 鶏肉をひと口大に切る。保存袋に、鶏肉、甘酒150㎖、カレー粉を入れて、袋の上から手でもみ込み（写真ⓐ）、10分置く。

② 玉ねぎをみじん切りにする。フライパンにオリーブオイル大さじ1を熱し、玉ねぎを入れてしんなりするまで3〜4分炒める。

③ ②に①を汁ごと加え、鶏肉の表面に焼き色がつくまで炒める。

④ トマト缶、残りの甘酒50㎖を加えてフタをし、鶏肉に火が通るまで弱火で煮る。

⑤ ナスは斜め薄切り、パプリカは細切り、エリンギは薄切りにする。オーブントースターの受け皿に並べてオリーブオイル大さじ1をかけ、7分ほど焼く（写真ⓑ）。

⑥ ④にAを加えて混ぜ、味を調える。

⑦ 器にご飯を盛って⑥をかけ、⑤の野菜をのせる。

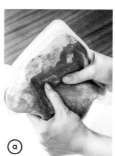

ⓐ

ⓑ

里芋ときのこ鶏のグラタン

市販のコンソメや小麦粉を使わずにつくれるグラタン。
豆乳と里芋効果で、よりクリーミーな仕上がりに。

材料（2〜3人分）

鶏もも肉…100g
里芋…3個
玉ねぎ…1/2個
しめじ…1パック
オリーブオイル…大さじ1
バター…30g
米粉…大さじ2
無調整豆乳…200㎖
玉ねぎ麹…大さじ2
溶けるチーズ…100g

つくり方

①_ 鶏肉をひと口大に切る。里芋は皮ごと耐熱容器に入れてラップをし、電子レンジで2分半加熱する（MEMO参照）。皮をむいて、4等分に切る。玉ねぎは薄切りにし、しめじはほぐす。オーブンは200℃に予熱しておく。

②_ フライパンにオリーブオイルを熱し、鶏肉を入れ、表面に焼き色がつくまで炒めて取り出す。

③_ 同じフライパンにバターを熱し、玉ねぎ、しめじを炒め、しんなりしたら米粉を加えて粉っぽさがなくなるまで炒める。豆乳を少しずつ加えてとろみをつけ（写真ⓐ）、**玉ねぎ麹**を加えて混ぜ合わせる。

④_ 耐熱皿に里芋、②、③を入れてチーズをのせ、200℃のオーブンで15分焼く。

MEMO

里芋は、耐熱容器に入れてラップをし、2分半加熱してから皮をむくと、手がかゆくならないし、スルッとむけます。

ⓐ

海鮮ときのこの
バターピラフ

調理時間
40分

日持ち
2〜3日

炊飯器ひとつでできる、手軽なピラフです。玉ねぎ麹を入れて炊き、
仕上げにバターを加えることで、さらにコクが出ます。冷凍保存もおすすめ。

材料（2〜3人分）

米…2合
冷凍シーフードミックス…100g
にんじん…1/2本
しめじ…1パック
玉ねぎ…1/2個

A
| **玉ねぎ麹**…大さじ3
| 白ワイン（または酒）…大さじ2
| 水…350㎖
| 塩・こしょう…各少々

バター…20g
パセリのみじん切り（あれば）…適量

> **MEMO**
> 炊飯器を使って調理できるので、ラ
> クチンです。コンロを占領しないので、
> ほかの調理に使えるのも嬉しい。
> P.104の グラタン の ホワイトソース
> （つくり方③）を上にのせてオーブン
> で焼くと、ドリアとしても愉しめます。

つくり方

① 玉ねぎはみじん切りに、にんじんは1cm
角に切り、しめじはほぐす。シーフード
ミックスは流水で解凍する。米はとぎ、
ざるにあげておく。

② 炊飯器に①、**A** を入れて、普通に炊く（写
真ⓐ）。

③ 炊きあがったら、バターを加えて混ぜる
（写真ⓑ）。器に盛り、パセリのみじん
切りを散らす。

トマト麹 のつくり方

パスタのソースにも、サラダのドレッシングにも使えて本当に万能な調味料。
トマトを使うような洋風メニューに、たくさん使えます。

材料 （つくりやすい量）

乾燥米麹 …… 100g
トマト缶 …… 200g
（トマトやトマトジュースを使う場合も
分量は同じ）
塩 …… 35g

---

① ― 麹をほぐし、塩を混ぜる

ボウルに麹を入れ、固まっていたら手でほぐす。塩を入れて混ぜ合わせる。塩が全体になじむと腐敗しにくくなるので、しっかり混ぜる。

② ― トマトを混ぜる

トマト缶のトマト（ホールトマトはつぶして使う）を混ぜる。腐敗を防ぐために、底からしっかりと混ぜ合わせる。

---

③ ― 発酵させる

保存容器に移して、常温で発酵させる。1日1回、清潔なスプーンでかき混ぜる。気温によって4～10日ほどで完成する。冷蔵庫で保存し、3カ月以内に食べきる。

POINT

- ☐ トマトをフードプロセッサーで
  ペースト状にして使用してもOK。
  トマトジュースを使う場合は、
  食塩無添加のものを選んで。

- ☐ ヨーグルトメーカーでつくる場合は、
  トマトを300gに増やし、
  発酵時間は4時間にしてください。

トマト麹のここがすごい!

① 美肌に必須の 抗酸化物質が豊富

トマトは抗酸化作用のあるリコピン(カロテノイドの一種)が豊富。そのほか、βカロテン、ビタミンCやビタミンEも含まれていて、美肌効果が期待できます。

こうなったら完成!

麹がやわらかくなってとろみがつき、なめてみて塩けがまろやかになっていたら完成。

② ケチャップより 甘さひかえめ

ケチャップより甘くなく、やや塩けが強いです。食材の味を引き立ててくれるトマト味の調味料。コンソメを使わずにこれで調味してみてください。

③ 脂肪を燃焼させる

トマトには、脂肪燃焼を助けるリノール酸(体内で合成できない不飽和脂肪酸。食事から摂取する必要がある)が含まれています。高たんぱくで低脂質の魚や肉にトマト麹を使えば、筋トレやダイエット中の人の食事にぴったり。

料理のヒント

サラダのドレッシングやパスタソース、炒めものなど、なんにでも使える万能調味料。これを入れると深みのある洋風の味になります。

漬ける　　　味つけ

鶏と季節野菜のトマト麹煮

調理時間
30分
日持ち
2～3日

トマト麹を肉の下味にも、味の仕上げにも使うから、旨みたっぷり。
野菜をたっぷり食べたいときにおすすめ。

材料（2～3人分）

鶏手羽元…6本
レンコン…150g
里芋…3個
赤かぶ…1個
にんじん…1/2本
にんにく…1かけ
トマト麹…大さじ2
オリーブオイル…大さじ1
A｜
トマト缶（カット）…200g
トマト麹…大さじ1
ウスターソース…大さじ1
はちみつ…小さじ2
ローズマリー…1枚

MEMO
野菜は、旬のものをお好みで使ってください。鶏肉は、煮込む前にしっかり焼き目をつけることで風味が増し、旨みを閉じ込めることができます。煮崩れしにくくなるのもいいところ。さらに玉ねぎ麹をプラスすると、まろやかな味になっておいしいです。

つくり方

① ボウルに手羽元と**トマト麹**を入れ、もみ込む。レンコン、里芋、かぶ、にんじんは乱切りにする。にんにくはみじん切りにする。

② 鍋にオリーブオイルを熱し、にんにくを炒めて香りが立ったら、手羽元を加える。表面に焼き目がついたら野菜を加えて、全体に油がまわるように炒め合わせる（写真ⓐ）。

③ **A**を加え、15分ほど煮込む（写真ⓑ）。

ごろごろミートソースのパスタ

ブロッコリーとキャベツのスープ

ミネストローネ

ごろごろミートソースのパスタ

（写真P.114）

ひき肉をこねてからかたまりのまま焼くことで、
ごろごろとした食感が愉しめて、肉の旨みもたっぷり引き出せます！

調理時間
20分

日持ち
2〜3日

材料（3人分）

合いびき肉…200g
セロリ…1/4 本
にんじん…1/2 本
玉ねぎ…1/2 個
にんにく…1かけ
スパゲッティ…250g
塩麹…大さじ1
オリーブオイル…大さじ1

A
トマト麹…大さじ4
トマト缶（カット）…200g
ウスターソース…大さじ1
酒…100㎖

粉チーズ（お好みで）…適量
黒こしょう（お好みで）…適量

MEMO

私はトマト缶の代わりに、トマトピューレを使うこともあります。トマトピューレのほうが濃厚なので分量を少なめにして、塩分も減らします。アルチェネロの「有機トマトピューレー」がお気に入りです。

つくり方

①＿ 野菜はすべてみじん切りにする。 ボウルにひき肉と**塩麹**を入れてよく混ぜ、 ひとまとめにしておく。

②＿ フライパンにオリーブオイルを熱し、 にんにくを炒めて香りが立ったら、 野菜をすべて加えて炒める。

③＿ 野菜を端に寄せ、 ①の肉を入れて、 かたまりのまま両面に焼き色をつける（写真ⓐ）。 Aを加え、 肉が好みのごろごろ加減になるように崩しながら弱火で煮込む。

④＿ 鍋にたっぷりの湯（分量外）を沸かし、 湯の1%の塩（分量外）を入れ、 スパゲッティを袋の表示通りにゆでる。

⑤＿ ③に④を加えて和え、 器に盛る。 お好みで、 粉チーズと黒こしょうをかける。

ⓐ

味つけ

ミネストローネ （写真P.115）

**トマト麹があれば、ミネストローネも簡単にできちゃう。
これでもか！ というほど野菜をたくさんとれるスープです。**

調理時間分
20 日
日持ち
2～3

材料（2～3人分）

玉ねぎ … 1/2 個、キャベツ … 3枚
ナス … 1本、じゃがいも … 1個
にんにく … 1 かけ
オリーブオイル … 大さじ 2

A
 トマト麹 … 大さじ 4
 水 … 400㎖、ローリエ … 1枚
 塩・こしょう … 各少々

トマト缶（カット）… 200g
パセリのみじん切り（あれば）… 適量

MEMO
残ったスープは、ご飯を入れて煮ればリゾットに変身。チーズをプラスするとさらに満足感がアップします。

つくり方

① 野菜はすべて 1cm角に切る（写真 ⓐ）。 にんにくはみじん切りにする。

② 鍋にオリーブオイルを熱し、 にんにくを炒めて香りが立ったら、 野菜をすべて加えて炒める。

③ **A** とトマト缶を加えてさらに 15 分ほど煮込む（写真 ⓑ）。

④ 器に盛り、 パセリを散らす。

だしにする

ブロッコリーとキャベツのスープ （写真P.112）

**玉ねぎ麹を入れるだけで味が決まるから、あっという間にできあがり。
野菜の甘みをじっくり味わえるスープ。**

調理時間
10 分
日持ち
2～3 日

材料（2～3人分）

ブロッコリー … 1/2 株
キャベツ … 2枚、玉ねぎ … 1/2 個

A
 玉ねぎ麹 … 大さじ 2、塩 … 少々
 白ワイン（または酒）… 大さじ 2
 水 … 500㎖

乾燥バジル … 大さじ 1

つくり方

① 野菜はすべて食べやすい大きさに切る。

② 鍋に **A** と ① を入れて、野菜がやわらかくなるまで煮る。器に盛り、バジルをふる。

ブイヤーベース

調理時間
20分

日持ち
2 ~ 3日

海鮮の旨みがたっぷり味わえるブイヤーベース。
市販の素を使わなくても、トマト麹の力でコクたっぷりの仕上がりに！

材料 (3~4人分)

あさり…1パック（200g）
えび…8尾
鶏むね肉…1枚（250g）
玉ねぎ…1/2個
にんじん…1本
じゃがいも…2個
白菜…1/4個
にんにく…2かけ
オリーブオイル…大さじ1
唐辛子のみじん切り（お好みで）…適量

A
トマト麹…大さじ3
トマト缶（カット）…1/2缶
水…200mℓ
ローリエ…1枚
白ワイン…200mℓ

> **MEMO**
> 具材はお好みですが、魚介類が多い方
> が、だしが出ておいしくなります。タラ
> や鯛などの白身魚もおすすめです。

つくり方

① _ ボウルにあさりと 500mℓの水と塩小さ
じ2（分量外）を入れ、アルミホイルで
フタをして2 ~ 4時間ほど置き、砂抜
きする。（写真 ⓐ）、えびは殻をむいて
背ワタをとる（写真 ⓑ）。

② _ 玉ねぎ、にんにくはみじん切りにする。
にんじん、じゃがいも、白菜、鶏肉は食
べやすい大きさに切る。

③ _ 鍋にオリーブオイルを熱し、にんにく、
玉ねぎ、唐辛子を入れる（写真 ⓒ）。玉
ねぎがしんなりしたら、鶏肉を加えて炒
め、白ワインを加えてひと煮立ちさせる。

④ _ **A** を加え、さらにひと煮立ちしたら、
残りすべての具材を加え、フタをして
10分ほど煮る。

漬ける | 味つけ

ぶりフライのトマトガーリックソース

塩麹に漬けたぶりは旨みが出てふんわり。
熱々のトマト麹ソースをかけて、揚げたてを召し上がれ。

調理時間
20分
日持ち
2~3日

材料（2人分）

ぶりの切り身…2切れ
長ねぎ…適量
玉ねぎ…1/2個
トマト…中1個
にんにく…1かけ
塩麹…大さじ1
米粉…適量
溶き卵…1個分
パン粉…適量
揚げ油…適量

A | **トマト麹**…大さじ2
　 | 塩・こしょう…各少々

MEMO

ぶりの代わりに、さばや鮭、タラなどの白身魚でも合います。魚は、長時間麹に漬け込むと、身が崩れることがあるので気をつけて。長くてもひと晩くらいまでに。

つくり方

① ぶりは**塩麹**をぬって5分ほどおく（写真 ⓐ）。玉ねぎ、トマト、にんにくはみじん切りにする。ねぎは長さ5cmに切る。

② フライパンに油（分量外）を熱し、ねぎを焼き、火が通ったら取り出す。残りの野菜を炒め、しんなりしたら**A**を加え混ぜてソースをつくる（写真ⓑ）。

③ ぶりは米粉をまぶしてから溶き卵にくぐらせ、パン粉をつける。フライパンで180℃に熱した油で、両面がきつね色になるように揚げる。

④ ③のぶりにねぎを添え、②のソースをかけていただく。

味つけ

ナスとトマトのさばソースグラタン

さば缶には、ビタミンB群やDHAなどが含まれていて、栄養たっぷり。
トマト缶だけでなくトマト麹も使うと、深みのある味に！

調理時間
40分

日持ち
2～3日

材料（2～3人分）

さば水煮缶…1缶（190g）
ナス…2本
トマト…2個
にんにく…1かけ
トマト缶（カット）…200g
塩・こしょう…各少々
オリーブオイル…大さじ2
溶けるチーズ…100g

A
トマト麹…大さじ2
ローリエ…1枚
こしょう…少々

MEMO
水分が出やすいナスやトマトは、塩・こしょうをしてからオリーブオイルでコーティングしておくと、味がぼやけるのを防げます。オーブンで焼く前に、野菜の下にゆでたマカロニを敷くと、さらにボリュームアップ。

つくり方

① ナスとトマトは1cm厚さの輪切りにする。耐熱容器に交互に並べる（写真ⓐ）。塩、こしょうをふり、オリーブオイル大さじ1をまんべんなくかける。オーブンを220℃に予熱しておく。

② にんにくをみじん切りにする。フライパンにオリーブオイル大さじ1を熱し、にんにくを入れ、香りが出るまで炒める。さば缶を汁ごと入れ、身をほぐしながら炒める（写真ⓑ）。トマト缶とAを加え、弱火～中火で5分ほど煮る。

③ ①に②をかけて、チーズをのせる。220℃のオーブンで20分焼く。

中華麹 のつくり方

ねぎ、しょうが、にんにくをたっぷり使って、麹とともに発酵させた中華麹。
ひとさじ入れるだけで、本格中華料理の味に。香りだけでも食欲がそそられます!

材料 （つくりやすい量）

乾燥米麹 …… 100g
長ねぎ …… 100g
にんにく …… 50g
しょうが …… 50g
塩 …… 35g
水 …… 100㎖

---

① ― **麹をほぐし、塩を混ぜる**

ボウルに麹を入れ、固まっていたら手でほぐす。塩を入れてしっかり混ぜ合わせる。塩が全体になじむと腐敗しにくくなる。

② ― **香味野菜をペースト状にする**

皮をむいたにんにくとしょうが、適宜カットした長ねぎ、水をフードプロセッサーに入れて混ぜ合わせる。ペースト状になるまで回す。

---

③ ― **すべての材料を混ぜる**

①に②を加えてよく混ぜ合わせる。

④ ― **発酵させる**

消毒した保存容器に移して、常温で発酵させる。1日1回、清潔なスプーンでかき混ぜる。気温によって4〜10日ほどで完成する。3カ月くらいで使い切って。

中華麹のここがすごい！

料理が時短になる！

中華料理をつくるとき、毎回長ねぎやしょうが、にんにくをみじん切りにするのはめんどう。中華麹をつくっておけば、そんな手間も省けます。

こうなったら完成！

塩麹のようなとろみはなく、ボテッとしたような感じになる。

血行促進、体を温める効果がある

疲労回復の効果が期待できるにんにくや、血流をよくする効果があるしょうがが含まれているので、血液サラサラ、免疫力アップに役立ち、冷え性や肩こりなどの改善が期待できます。

入れるだけで本格中華の味になる

市販の中華だしは添加物が多くて気になる方や、舌にまとわりつく感覚が気になる方も、中華麹なら大丈夫。ねぎ、しょうが、にんにくをたっぷり使い、麹とともに発酵させているので、ひとさじ入れるだけで本格中華の味に。

料理のヒント

中華麹＋オイスターソース、中華麹＋玉ねぎ麹、中華麹＋醤油麹といった合わせ技もとってもおいしい。生のままだと小さなお子さんには辛いかもしれません。その場合は玉ねぎ麹と1：1で使ってみてください。玉ねぎ麹の甘みが、香味野菜の辛みを中和してくれます。

漬ける 　味つけ

牛肉とトマトと卵の炒めもの

調理時間
15 分
日持ち
2～3 日

牛肉と中華麹の組み合わせで、ご飯がすすむ味に！
卵は半熟くらいでいったん取り出すと、ふんわり仕上がります。

材料（2～3人分）

牛こま切れ肉…250g
トマト…1個
卵…2個
塩・こしょう…各少々
ごま油…大さじ2
A **中華麹**…大さじ1
　 片栗粉…大さじ1
B **中華麹**…大さじ1/2
　 オイスターソース…大さじ1
　 酒…大さじ1
小ねぎの小口切り…適量

MEMO
麹に含まれる酵素が、牛肉をしっとり
やわらかくし、臭みを和らげてくれます。
安い肉でもおいしく仕上がるので、ぜ
ひ試してみてください。

つくり方

① ボウルに牛肉と **A** を入れてもみ込む。トマ
　 トは8等分のくし形に切る。卵は溶きほぐ
　 し、塩、こしょうを混ぜる。**B** は混ぜ合
　 わせておく。

② フライパンにごま油大さじ1を強火で熱し、
　 溶き卵を流し入れ、半熟状になったら取り
　 出す（写真ⓐ）。

③ 同じフライパンにごま油大さじ1を熱して
　 牛肉を入れて炒め、色が変わったらトマト
　 を加えてさらに炒める（写真ⓑ）。**B** を加
　 えてさっとからめる。

④ ②を戻し入れてざっくり混ぜる。器に盛っ
　 て、小ねぎをのせる。

味つけ

麻婆豆腐

麻婆豆腐の素を使わずに中華麹でつくってみたら、
いつもとひと味違うおいしさに！　ご飯にのせても美味。

材料（2～3人分）

豚ひき肉…150g
豆腐…1丁（350g）
長ねぎ…1/2本
しいたけ…4個
にんにく…1かけ
豆板醤…小さじ1
ごま油…大さじ1

A
中華麹…大さじ2
酒…大さじ2
甜麺醤…大さじ1
てんさい糖…小さじ1
醤油…小さじ2
水…250mℓ

片栗粉…大さじ1/2
水…大さじ1
糸唐辛子（あれば）…適量

つくり方

① 豆腐を食べやすい大きさに切る。ねぎ、
しいたけ、にんにくはみじん切りにする。
Aは混ぜ合わせておく。

② フライパンにごま油を熱し、にんにくを
炒めて香りが立ったらねぎ、しいたけ、
ひき肉、豆板醤を加え、肉の色が変わる
まで炒める（写真ⓐ）。

③ 豆腐と**A**を入れて煮立ったら、片栗
粉を水で溶いて加え、とろみをつける
（写真ⓑ）。

④ 器に盛り、糸唐辛子をのせる。

味つけ

ニラと卵とわかめのスープ

ニラと中華麹は相性抜群。
中華料理屋さんで出てくるようなスープが、家で簡単につくれます！

材料（2人分）

ニラ…1/2袋
乾燥わかめ…3g
卵…1個

A
中華麹…大さじ2
酒…大さじ1
醤油…小さじ1
水…500mℓ

つくり方

① ニラを3cm幅に切る。わかめは水で戻す。
卵は溶きほぐす。

② 鍋にニラ、わかめ、**A**を入れて火にか
ける。煮立ったら、溶き卵を流し入れ
る（写真ⓐ）。

いろいろな自調味料をつくっ

（味つけ）

ライスペーパー餃子

調理時間 **30**分
日持ち **2〜3**日

友人たちとのホームパーティでよくつくるメニューです。
中華麹の旨みと、ライスペーパーのもちもちの食感が大好評！

材料 （2〜3人分）

豚ひき肉…300g、ニラ…50g
中華麹…大さじ3、油…大さじ2
ライスペーパー…6枚
糸唐辛子（あれば）…適量

MEMO
ベトナム料理の生春巻きで知られるライスペーパーですが、焼いたり揚げたりするのもおすすめ。皮が薄いので、ヘルシーです。

つくり方

① ニラはみじん切りにする。ボウルにニラ、ひき肉、**中華麹**を入れ、粘りが出るまで混ぜ、6等分する。

② ライスペーパーは、袋に記載の方法で水で戻す。①をのせ、春巻きを包む要領で棒状に包む。同じものを6個つくる。

③ フライパンに油を熱し、②の両面をこんがり焼く。器に盛り、糸唐辛子をのせる。

（味つけ）

チョレギサラダ

調理時間 **10**分
日持ち **1〜2**日

葉物野菜をごま油を使ったピリ辛ドレッシングでいただく、韓国風のサラダです。
焼肉の副菜にもぴったりの一品。

材料 （2〜3人分）

水菜…1/2 袋
サニーレタス…1/2 袋
にんじん…1/2 本
乾燥わかめ…3g
ドレッシングの材料
　醤油麹…大さじ1
　ごま油…大さじ1
　酢…大さじ1
　いりごま…大さじ1
　コチュジャン…小さじ1

つくり方

① 大きめのボウルにドレッシングの材料を混ぜ合わせておく。

② 水菜、サニーレタスは食べやすい大きさにちぎり、水けをよく切る。わかめは水で戻す。

③ にんじんは細切りにして、耐熱容器に入れてラップをかけて、電子レンジで2分加熱する。

④ ①に、②、③を入れ、混ぜ合わせて器に盛る。

大根のきのこあんかけ

大根と、とろりとしたあんの食感の違いが楽しい。
中華麹を使った特製あんを、たっぷりかけて召し上がれ！

材料（2人分）

大根 … 8cm
えのき … 1/2袋
鶏ひき肉 … 100g
ごま油 … 大さじ2
A
　中華麹 … 大さじ1
　酒 … 大さじ1
　みりん … 大さじ1
　醤油 … 大さじ1
　水 … 150ml
片栗粉 … 小さじ1
水 … 小さじ2
大葉（お好みで）… 適量

> **MEMO**
> ここで紹介しているきのこあんを使
> えば、料理のレパートリーがぐんと
> 広がります。大根以外に、かぶや里芋、
> 豆腐、卵焼きなどにかけてもおいし
> いです。いろいろな食材にアレンジ
> してみてください。

つくり方

①_ 大根は2cm幅に切り十字に切り込みを入
れる。 えのきは長さを3等分にする。 **A**
は混ぜ合わせておく。

②_ フライパンにごま油大さじ1を熱し、 大
根を入れて両面に焼き目がつくまで3分
ずつ焼き（写真ⓐ）、 いったん取り出す。

③_ 同じフライパンにごま油大さじ1を熱し、
えのきとひき肉を入れて炒め、 **A**を加え
て煮立たせる。 火を止め、 水で溶いた片
栗粉を加えてとろみをつける（写真ⓑ）。

⑤_ 器に大根を盛り、 ③をかけていただく。
お好みで、 千切りにした大葉をのせる。

えびと里芋しんじょ

調理時間
20分
日持ち
2～3日

「しんじょ」って、難しい和食というイメージかもしれませんが、簡単にできるんです。
ぷりぷりえびと、ねっとり里芋がベストハーモニーで、家族も大満足の一品に。

材料（2人分）

えび…200g
里芋…2個

A
中華麹…大さじ2
しょうがのすりおろし…小さじ1
片栗粉…大さじ2

揚げ油…適量

B
醤油麹…大さじ1
白だし…小さじ1
みりん…小さじ2
水…200㎖

片栗粉…小さじ2
水…大さじ1
三つ葉（お好みで）…適量

> **MEMO**
> 我が家では、②のたねにみじん切りのレンコンを足すこともあります。コリコリとした食感が楽しめますよ。春だったら、新しょうがのみじん切りを足してもいいですね。

つくり方

①＿ えびは殻をむいて背ワタをとり（P.116参照）、ぶつ切りにする。里芋は皮つきのまま耐熱容器に入れてラップをし、電子レンジで2分30秒加熱してから、皮をむく。

②＿ ボウルに、①とAを入れて、手で里芋をつぶすようによく混ぜ合わせる（写真ⓐ）。4等分にし、丸く形を整える。

③＿ フライパンに、揚げ油を2cmほど入れて熱し、②を入れて揚げ焼きにする（写真ⓑ）。

④＿ 小鍋にBを入れて煮立たせ、水で溶いた片栗粉を加えてとろみをつける。

⑤＿ 器に③を盛り、④をかけていただく。お好みで三つ葉をのせる。

ⓐ ⓑ

麹ドレッシングをつくってみよう！

麹調味料があれば、簡単にドレッシングもつくれます。
どんな食材にどのドレッシングが合うのか、
いろいろ試してみると楽しいし、レパートリーも広がります！

材料 （すべてつくりやすい量）

塩麹ドレッシング
塩麹…大さじ2
酢…大さじ2
すりごま…大さじ2
はちみつ…小さじ1

醤油麹ドレッシング
醤油麹…大さじ1
オリーブオイル…大さじ1
酢…大さじ1
はちみつ…小さじ1

玉ねぎ麹ドレッシング
玉ねぎ麹…大さじ1
オリーブオイル…大さじ1
レモン汁…大さじ1

トマト麹ドレッシング
トマト麹…大さじ1
オリーブオイル…大さじ1
酢…大さじ1
にんにくのすりおろし
…小さじ1

中華麹ドレッシング
中華麹…大さじ1
ごま油…大さじ1
いりごま…大さじ1
酢…大さじ1

> **MEMO**
> 塩麹ドレッシングはノンオイルですが、
> お好みでオリーブオイルを足しても。
> はちみつは甘麹（P.156参照）に替え
> てもおいしいです。手づくり麹ドレッ
> シングは、1週間くらいで使いきって。

つくり方（共通）

ボウルにそれぞれの材料を入れ、よく混ぜ合わせる。

甘麹 のつくり方

砂糖の代わりに使える甘麹。甘酒やみりんのように水分が多くなく、甘みもしっかり感じられるので、料理が苦手な方にとくにおすすめ。温度管理がポイントです。

材料（つくりやすい量）

乾燥米麹……100g
水……120mℓ

① 麹をほぐし、水を加える

ボウルに麹を入れ、固まっていたら手でほぐす。水を入れてスプーンで混ぜる。

② 発酵させる

ヨーグルトメーカーや炊飯器、魔法瓶などに入れ、60℃で8時間保温する。2～3時間ごとに水分量を確認し、団子のように固まっていたら水を少しずつ足して混ぜる。炊飯器は温度が上がりすぎないようにフタを開けたままで、ふきんなどを内釜の上にふんわりかけておく。

POINT

麹のデンプンを糖に分解するためには、アミラーゼを活性化させることが必要。アミラーゼは、40～60℃でよく働きます。20～40℃だと、乳酸発酵が進んで酸味が出やすく、ヨーグルトのような仕上がりになり、逆に高温になると酵素の力が発揮されなくなります。

甘麹のここがすごい!

① 腸内環境を 整えてくれる

善玉菌のエサになるオリゴ糖、食物繊維が豊富で、腸内環境を改善してくれます。ほかにも、抑うつ改善効果や、風邪をひきにくくなるなどの免疫力増強効果などが期待できます。

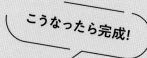

こうなったら完成!

粒がやわらかくなってとろみがつき、甘〜い香りがしたら完成。

② 砂糖よりも やさしい甘み

麹菌が発酵する過程でつくられる酵素の働きでデンプンが分解され、ブドウ糖になることで甘みを感じます。アミノ酸を豊富に含んでいるので、砂糖による甘みよりもまろやかでおいしく、すっきりとした甘さです。

③ 薄めるだけで 甘酒になる

料理に使うこともできますが、何よりも水やお湯で薄めるだけで飲めるから手軽です。原料が麹と水のみでアルコール成分ゼロので、子どもにも安心。

料理のヒント

砂糖の代わりに使用する場合、砂糖の甘みに慣れている方は2倍くらいの分量にするのがおすすめです。2週間くらいで食べきってください。

調理時間
5分

日持ち
1日

甘酒スムージー

甘麹を使って、甘酒スムージーも簡単につくれます。砂糖を使っていないのに、ほんのり甘くてとってもおいしい！　旬の野菜や果物で愉しんでください。

材料 (2人分)

バナナスムージー
バナナ…1本
甘麹…大さじ3～4
水…200mℓ
豆乳…200mℓ

りんごと小松菜のスムージー
りんご…1/4個
小松菜…1株
甘麹…大さじ3～4
水…200mℓ
豆乳…200mℓ

マンゴーのスムージー
冷凍マンゴー…100g
甘麹…大さじ3～4
水…200mℓ
豆乳…200mℓ

つくり方 (共通)

① **甘麹**と水を混ぜて、甘酒をつくる。バナナは輪切りにし、りんごは小さく切り、小松菜はざく切りにする。

② 容器に甘酒とそのほかの材料をそれぞれ入れ、ブレンダーでかくはんする (写真ⓐ)。

ⓐ

MEMO
最近はコンビニで、カットされている冷凍フルーツが手軽に手に入るようになったので、いろいろな果実でお試しください。ぶどうやいちご、パイナップルなども甘酒によく合いますよ。

麹マヨネーズと根菜デリサラダ

麹調味料と豆乳で、マヨネーズを手づくりしてみませんか？　やさしい味わいで、
子どもにもおすすめです。ゆでた根菜に和えれば、おしゃれなサラダに。

調理時間
5分

日持ち
4〜5日

麹マヨネーズ

材料（つくりやすい量）

甘麹…大さじ3
塩麹…大さじ1
酢…大さじ1
無調製豆乳…30ml
アマニ油…80ml

つくり方

ボウルに材料をすべて入れ、ブレンダーでなめらかになるまで
混ぜ合わせる（写真 ⓐ）。清潔な容器に移し（写真 ⓐ）、冷蔵
庫で保存する。

調理時間
20分

日持ち
2〜3日

根菜デリサラダ

材料（2〜3人分）

レンコン…200g
にんじん…1/4本
乾燥ひじき…大さじ1
冷凍枝豆…100g
麹マヨネーズ…大さじ3
黒こしょう（お好みで）…適量

つくり方

① 乾燥ひじきは水で戻しておく。枝豆は流水をかけて解凍し、
　　さやから取り出す。

② レンコンは薄いいちょう切り、にんじんは細切りにする。
　　耐熱容器にそれぞれを入れ、ラップをかけ、レンコンは2
　　分、にんじんは1分40秒電子レンジで加熱する。レンコ
　　ンが固い場合は、さらに1分加熱する。

③ ボウルに①、②と麹マヨネーズを入れ、よく混ぜる。
　　器に盛り、お好みで黒こしょうをふる。

調理時間
20分

日持ち
2～3日

大学芋

子どもも大好きな大学芋が、甘麹を使うとやさしい甘さのおやつに。
甘すぎなくて、さつまいもの味をしっかり愉しめるから、ついつい「もうひと口！」

材料（2～3人分）

さつまいも…1本
揚げ油…適量
A｜ **甘麹**…大さじ3
　｜ はちみつ…大さじ1

つくり方

①＿ さつまいもは皮つきのままひと口大に切り、
　　　水にさらす。水けをしっかり切る。

②＿ 鍋に揚げ油を入れ、180℃に熱し、①を入れ
　　　て揚げる（写真ⓐ）。竹串を刺してスッと通っ
　　　たら取り出して、油を切る。

③＿ フライパンに **A** を入れ、水分がなくなるま
　　　で煮詰める（写真ⓑ）。②を入れてからめる。

MEMO

粒が気になる場合は、甘麹をミキサー
やブレンダーでペースト状にしてからつ
くってください。はちみつを使わず甘麹
だけでつくると、よりさわやかな甘さに
なり、それもおいしいです。

甘麹クリームと 米粉パンケーキ

米粉パンケーキに、甘麹とクリームチーズのソースをとろ〜り。
砂糖を使わないから、罪悪感なしで食べられる絶品スイーツ！

調理時間
20分

日持ち
1〜2日

材料 （直径8cm×4枚分）

米粉パンケーキ

> 米粉…100g
> **甘麹**…大さじ2
> ベーキングパウダー…3g
> 無調整豆乳…70mℓ
> 卵…1個

ココナッツオイル（香りあり）
…大さじ1

甘麹クリーム

> **甘麹**…大さじ3
> クリームチーズ…60g

いちご・ミントの葉（あれば）…各適量

MEMO

甘麹クリームの代わりにはちみつや
メープルシロップで食べてもいいし、
いちごやりんごなどを甘麹で煮詰め
てジャムをつくり、パンケーキにかけ
ていただくのもおすすめです。

つくり方

① クリームチーズは常温に戻しておく。ボウ
ルにパンケーキの材料を入れて、泡立て
器でさっくり混ぜる（写真ⓐ）。

② フライパンにココナッツオイルの1/4量を
熱し、①の1/4量を入れて焼く。ぷつぷ
つと穴があいてきたら（写真ⓑ）ひっくり返
して、反対側もこんがりと焼く。同様に、
あと3枚焼く。

③ ボウルに**甘麹**クリームの材料を入れて、
よく混ぜる。

④ 器にパンケーキを盛り、③をかけ、薄
切りにしたいちご、ミントの葉をのせる。

甘麹のグラノーラ

ザクザクした食感が楽しいグラノーラを、オートミールを使って手づくり。
麹の甘みで焼き上げます。食物繊維たっぷりで、朝から腸活!

材料（つくりやすい分量）

アーモンド … 20g
くるみ … 20g
ドライフルーツ
（レーズン、フィグなど
お好みのもの）… 120g

A
甘麹 … 大さじ6
オートミール … 200g
米粉 … 80g
ココナッツオイル … 40g
メープルシロップ … 大さじ1

MEMO

小麦粉の代わりに米粉を
使い、オイルはココナッツオ
イルを使用。砂糖や添加物
を使っていないので安心で
す。甘みが欲しい方は、メー
プルシロップを大さじ1〜2
を足してください。

つくり方

① オーブンは170℃に予熱する。ボウル
に **A** を入れてよく混ぜる。

② ナッツ類、ドライフルーツを①のボウ
ルに加えて、さらに混ぜる（写真ⓐ）。

③ 天板にクッキングシートを敷き、②
を広げる。170℃のオーブンで15分
ほど焼く（写真ⓑ）。

④ 一度取り出して混ぜて、再度10分焼く。
完全に冷めたら、瓶や密封容器などに
移す。ヨーグルトなどにかけていただく。

麹の使い方

できあがった麹調味料を料理に使うときに、疑問に思うこと、心配なことにお答えします。使っているうちに慣れてくるので、いろいろ実験してみるのもおすすめです！

Q つくりたい料理に
どの麹調味料が
合うのか、
迷ってしまう……。

A どれを使わなくてはいけないという正解はないと思います。私は、夫に「今日は和・洋・中どんな気分？」と聞いて、味つけを決めることが多いです。ときには、醤油麹を使って「なんだかもの足りない」と思ったらあとで玉ねぎ麹を入れたりします。毎日発見があって愉しいです。

Q 麹調味料に
肉や魚を漬け込む
時間はどのくらい？

A 10分置くだけでも食材をやわらかく、ふっくらとさせてくれます。ひと晩漬けることで味がより染み込みますが、長時間漬け込みすぎると食材がどろっとすることがあるので、気をつけてください。

Q 一般的なレシピを
麹調味料に
置き換えたい場合は、
どうしたらいい？

A 「甘みを控えて塩けを足す」のがコツです。麹には甘みがあるので、みりんや砂糖は減らしてもOK。その代わり塩は少し足します。塩麹は塩の2倍。醤油大さじ1の場合は、醤油麹大さじ1に塩を少し足すと、ちょうどよくなります。砂糖の代わりに甘麹を使う場合は、砂糖の2倍が目安です。様子をみて、調整してみてください。

Q 麹を使って 調理すると 焦げやすくならない？

A 麹には糖が含まれているので、漬けておいた食材を焼くときは焦げやすくなります。弱火でじっくり火入れしたり、蒸し焼きにしたりすると、焦げつきは気になりません。味つけとして入れる場合は、あまり焦げる心配はありません。また、ミキサーやブレンダーでペースト状にすると、焦げつきやすさが少し抑えられます。

Q 同じ麹調味料を使った メニューばかりでも、 飽きないもの？

A 使用する食材、調理方法が異なれば全く違う味になるので、飽きることなく愉しめます。麹調味料とほかの調味料を組み合わせることでも、いろんな味を生み出すことができますよ。

PART.05

麹で愉しむ
イベント・おもてなし料理

季節のイベントや、家族や友人が集まるホームパーティで、
私がよくつくっている麹料理をご紹介します。麹調味料だと
味が決まりやすいから、失敗が少ないので助かります！

麹のお正月膳

あらたまったおせちはつくりませんが、お正月ならではのおめでたいお膳を調えると、気持ちがいいなあと思います。麹を使ったレシピなら、胃腸にもやさしいのです。

だし巻き卵

洋風レンコンなます

ごぼうの肉巻き

さつまいもきんとん

車えびの塩麹蒸し

鯛の塩麹包み焼き

ごぼうの肉巻き

醤油麹 甘麹

「ごぼうのように、細く長く幸せが続きますように」という願いが
こめられた料理。麹調味料の甘辛いタレで煮詰めます。

材料（2～3人分）

ごぼう…1本
牛薄切り肉…150g
米粉…少々
油…大さじ1

A
| 醤油麹…大さじ2
| 甘麹…大さじ1
| 酒…大さじ1
| みりん…大さじ1

つくり方

① ごぼうは5cm長さに切る。水に5分ほどさらし、アクを抜く。Aは混ぜ合わせておく。

② 鍋にごぼうとかぶるくらいの水（分量外）を入れ、やわらかくなるまでゆでて冷ます。

③ 牛肉を広げ、水けを切ったごぼうをのせ、ごぼうを芯にして巻く（写真ⓐ）。米粉を全体にまぶす。

④ フライパンに油を熱し、牛肉の巻き終わりを下にして入れる。転がして、全体に焼き色をつける。Aを加え、からめながら煮詰める。

鯛の塩麹包み焼き

塩麹

鯛は、「めでたい」につながる縁起のいい魚。
塩麹に漬け込むだけで、鯛自身のおいしさも際立ちます！

材料（2人分）

鯛の切り身…2切れ

A
| 塩麹…大さじ2
| 酒…大さじ1

つくり方

① 鯛はキッチンペーパーで水けをふく。

② 保存袋に鯛とAを入れ、15分ほど置いておく（写真ⓐ）。アルミホイルに鯛1切れをのせて包む。同じものをもうひとつつくる。

③ フライパンに②を並べ、底から1cmほど水（分量外）を注ぎ、フタをして7分ほど弱火～中火で蒸し焼きにする。

車えびの塩麹蒸し

塩麹

**長寿をイメージさせる食材であるえびは、添えてあるだけで
お膳がパッと華やぐ存在です。麹の力で旨みを引き出して！**

材料（3~4人分）

車えび…10尾
塩麹…大さじ1
A　**塩麹**…大さじ1
　　酒…大さじ1
　　水…50ml

つくり方

① えびは殻をむき、背ワタをとる（P.116 参照）。ボウルに入れ、**塩麹**をまぶす。冷蔵庫で1時間〜ひと晩置く。

② フライパンに **A** を入れて混ぜ、①を加えて強火にし、煮立ったら弱火にし、フタをして3分ほど蒸し煮にする（写真ⓐ）。冷めたら汁けを切って器に盛る。

ⓐ

だし巻き卵

しっかり甘い味つけが好きな方もいますが、私は砂糖なしでつくります。
麹の自然な甘みでやさしい味わいに。麹が卵をふんわりさせてくれます。

材料（2〜3人分）

卵…3個
A
　塩麹…小さじ1
　めんつゆ…小さじ1
　水…小さじ1
油…適量

つくり方

① ボウルに卵を割りほぐし、**A**を入れてよく混ぜる。

② 卵焼き器に油を熱し、①の1/4量を流し入れる。火が通ったら、奥から手前に巻き、空いた場所に油をキッチンペーパーでぬり、残りの卵液を3回に分けて流し入れ、同様に焼く（写真ⓐ）。

③ 巻きすで巻いておき、冷めたら食べやすく切って、器に盛る。

洋風レンコンなます

紅白の色が、お正月にぴったりのなます。
大根の代わりにレンコンを使っているので、シャキシャキ感を楽しめます。

材料（2〜3人分）

レンコン…150g
にんじん…1/2本
A
　玉ねぎ麹…大さじ2
　酢…大さじ1
　てんさい糖…大さじ1

つくり方

① レンコンは6mm幅の半月切りにし、水にさらす。にんじんは薄いいちょう切りにする。

② 鍋に湯を沸かし、塩小さじ1（分量外）を入れる。にんじんを入れて1分ゆで、さらにレンコンを入れて2〜3分ゆでる。

③ ボウルに水けを切った②を入れ、**A**を加えて混ぜる（写真ⓐ）。

さつまいもきんとん

金運上昇を願う料理といわれる、きんとん。
砂糖の代わりに甘麹を使えば、ほっこりやさしい味わいになります。

材料（2〜3人分）

さつまいも … 150g

A
- **甘麹** … 大さじ 1/2
- 生クリーム … 大さじ 1/2
- バター … 20g

つくり方

①_ オーブンは 160℃に予熱しておく。

②_ さつまいもは表面を水でぬらす。アルミホイルで包み、160℃のオーブンで 90分焼く。

③_ やけどしないように気をつけながら、さつまいもの皮をむく。ざるで裏ごしをし（写真ⓐ）、**A** を加えて混ぜる。スプーンで丸く形を整えて盛りつける。

ⓐ

MEMO

さつまいもは、オーブンでじっくりと時間をかけて火を入れることで、甘みを最大限に引き出すことができます。もし電子レンジで調理する場合は、甘みが出にくいので、ぬらしたキッチンペーパーでくるんだ上からラップで包み、1分30秒加熱して、200Wで8〜10分加熱してください。

鶏ごぼうご飯のおにぎり

だし巻き卵（P.156参照）

ピーマンとじゃこの炒めもの
（P.69参照）

カリフラワーのサラダ

さばのカレー竜田揚げ

カボチャのバター醤油麹和え

麹のお花見弁当

料理に加えるだけで味が決まりやすく、冷め
てもおいしい麹の料理は、お弁当づくりの心
強い味方。満足感たっぷりで、みんなが笑
顔になれるメニューです。

鶏ごぼうご飯のおにぎり

醤油麹

鶏ごぼうを炊き込んだご飯は、私の故郷では「かしわめし」と呼ばれる
人気メニュー。醤油麹がいい仕事してくれます！

材料（2〜3人分）

鶏もも肉…1枚
ごぼう…1本
米…2合
醤油麹…大さじ1
油…大さじ1
A │ **醤油麹**…
　　│ 大さじ1と1/2
　　│ 酒…大さじ2
水…360㎖

つくり方

① 米はといでおく。鶏肉はひと口大に切る。
　 ボウルに鶏肉、**醤油麹**を入れ、もみ込む。
　 ごぼうはささがきにする。

② フライパンに油を熱し、鶏肉とごぼうを
　 入れ、ごぼうに油がまわるまで炒める。
　 A を加えてからめる。

③ 炊飯器に米、②、水を入れ（写真ⓐ）、
　 普通に炊く。

④ 粗熱が取れたら、おにぎりにする。

さばのカレー竜田揚げ

塩麹

さば×カレーは、相性抜群の食材。塩麹とカレー粉を合わせてさばを漬け込めば、
グンとおいしくなって、大人も子どもも大満足！

材料（2〜3人分）

さば…半身2切れ
A │ **塩麹**…大さじ1
　　│ 酒…大さじ1
　　│ カレー粉…大さじ1
　　│ しょうがのすりおろし
　　│ …小さじ1
片栗粉…適量
揚げ油…適量
レモン（お好みで）…適量

つくり方

① さばはキッチンペーパーで水けをふく。斜
　 めに包丁をあて、6等分のそぎ切りにする。

② ボウルに **A** を入れて混ぜ、①を入れて30
　 分ほど漬ける。

③ バットに片栗粉を入れ、汁けを切った②に
　 まんべんなくまぶす（写真ⓐ）。

④ 鍋に揚げ油を170℃に熱し、③を入れて
　 揚げる。お好みでレモンを添える。

カボチャのバター醬油麹和え 醬油麹

皮をむく手間もないし、電子レンジで簡単にできる！
カボチャ自身の甘みが引き立つ、ほっくほくのコク旨おかずです。

材料（2〜3人分）

カボチャ … 250g
醬油麹 …
A 大さじ1と1/2
バター … 15g

つくり方

① _ カボチャは電子レンジで1分加熱してから、皮がついたままひと口大に切る。耐熱容器にカボチャを入れてラップをかけて、電子レンジで2〜3分加熱する。

② _ 取り出してかき混ぜたら、再度1分30秒電子レンジで加熱する。

③ _ ②のボウルに **A** を入れて混ぜ、つぶしながらよく混ぜる（写真ⓐ）。

カリフラワーのサラダ トマト麹

「あと一品」と思ったときにできる簡単レシピ。トマト麹の
ドレッシングが爽やか。淡いピンク色で、お弁当箱の中が華やかに！

材料（2〜3人分）

カリフラワー … 1/2株
トマト麹ドレッシング
（P.134 参照）… 適量
パセリ … 適量

つくり方

① _ カリフラワーは小房に分ける。大きいものはさらに半分に切る。耐熱容器に入れて水大さじ1（分量外）をふり、ラップをかけて電子レンジで2分加熱する。

② _ ①をドレッシングで和える（写真ⓐ）。パセリを散らす。

麹でクリスマス
ディナー

クリスマスは、あらたまったディナーよりも、家族や友人と一緒に家でワイワイ愉しむのが好きです。そんなときも、メインディッシュからデザートまで、全部麹調味料でつくれるんです！

リースサラダ

玉ねぎ麹のクリームパスタ

レアチーズケーキ

鶏肉のぎゅうぎゅう焼き

鶏肉のぎゅうぎゅう焼き

玉ねぎ麹

玉ねぎ麹をもみ込んだ鶏肉と野菜を並べたら、あとはオーブンにお任せ！
天板のままテーブルに出せば、わぁっと歓声が上がります。

材料（2～3人分）

鶏手羽先…6～7本
紫玉ねぎ…1個
パプリカ（赤）…1個
ミニトマト…6個
じゃがいも…2個
A｜ 玉ねぎ麹…大さじ2
｜ にんにくのすりおろし
｜ …小さじ2
ローズマリー…1枝
オリーブオイル
…大さじ2～3

つくり方

① 保存袋に手羽先とAを入れて、袋の上からよくもみ込み、ローズマリーを加えて15分以上置く（写真ⓐ）。野菜は乱切りにする。オーブンは170℃に予熱する。

② 天板にクッキングシートを敷いて①を並べ、オリーブオイルをまわしかける。170℃のオーブンで20分焼く。

玉ねぎ麹のクリームパスタ

玉ねぎ麹

醤油麹

味つけが豆乳と麹調味料だけで完成するごちそうパスタ。
とってもおいしいのにヘルシーなので、罪悪感なく食べられます！

材料（2人分）

豚こま切れ肉…100g
（鶏肉でもよい）
しめじ…1/2パック
エリンギ…1/2パック
にんにく…1かけ
スパゲッティ…160g
オリーブオイル…大さじ1
A｜ 玉ねぎ麹
｜ …大さじ1と1/2
｜ 無調整豆乳…400mℓ
米粉…大さじ1と1/2
醤油麹…大さじ1
ピンクペッパー（お好みで）
…適量

つくり方

① しめじはほぐし、エリンギは食べやすい大きさに切る。豚肉は大きいものは食べやすく切る。にんにくはみじん切りにする。

② 鍋に湯を沸かして、湯の1%の塩（分量外）を入れ、スパゲッティを袋の表示通りにゆでる。

③ フライパンにオリーブオイルを熱し、にんにくを入れ、香りが出るまで炒める。きのこ、豚肉を加えて炒め、火が通ったら米粉をまぶし、全体になじむように混ぜる。

④ ③にAを加え、沸騰させないように弱火でとろみがつくまで煮る。仕上げに醤油麹を加える。

⑤ 器にスパゲッティを盛り、④をからめる。お好みでピンクペッパーを散らす。

リースサラダ

（玉ねぎ麹）

野菜をリースの形に盛りつけるだけで、クリスマスっぽい料理に！
きゅうりをくるくるに巻くと可愛いです。

材料（2～3人分）

ベビーリーフ…1袋
ミニトマト…5個
パプリカ（黄）…1/2個
きゅうり…1/4本
ゆで卵…1個
玉ねぎ麹ドレッシング
（P.134 参照）…適量

つくり方

① ミニトマトは4等分に、パプリカは細切りにする。きゅうりはピーラーで薄く削りくるくる巻く（写真ⓐ）。ゆで卵はスライスする。

② 器にベビーリーフをリース状に並べ、①を彩りよくのせる。ドレッシングをかける。

レアチーズケーキ

（甘麹）

砂糖を使わないのに、びっくりするほどおいしいチーズケーキです。
好みのフルーツデコレーションで愉しんで！

材料

（縦18cm×横12cm×
高さ5cmの容器）

クリームチーズ…200g
生クリーム…200g
甘麹…大さじ6
ビスケット…100g
バター…15g
レモン汁…大さじ1
いちご・ミント…各少々

つくり方

① クリームチーズは常温に戻しておく。バターは電子レンジで20秒ほど加熱して溶かす。

② ポリ袋にビスケットを入れて麺棒などでくだき、バターを加えてもみ込む。容器に敷き詰めて、冷蔵庫で冷やし固めておく。

③ ボウルに生クリーム、**甘麹**を入れて、8分立てになるまで泡立てる。

④ 別のボウルにクリームチーズを入れ、ゴムベラでなめらかにし、③とレモン汁を加えてよく混ぜる（写真ⓐ）。

⑤ ②に④を流し入れてラップをし、冷蔵庫で3時間以上冷やし固める。いちごやミントを飾る。

醤油麹の和風カルパッチョ

きゅうりの塩麹浅漬け
（P.46参照）

みぞれ鍋

砂ずりの塩麹炒め

麹で和の
おもてなし料理

ホームパーティのときは、友人たちも満足し
てくれるように、いつもよりも濃厚な味わい
のメニューにします。肉料理ばかりにならな
いように、野菜をたっぷり使ったり、魚介も
使ったりと「バランスよく」を心がけています。

えのきでふわふわ鶏つくね串

みぞれ鍋

塩麹　醤油麹

冬野菜をふんだんに使って、体がぽかぽかあたたまるみぞれ鍋。大根おろしの水分で
煮込むので旨みたっぷりで、汁も飲み干したくなるほど。締めはうどんがおすすめ！

材料（2～3人分）

鶏もも肉…1枚（250g）
白菜…1/2個
きのこ類…適宜
大根…6cm
塩麹…大さじ1
ごま油…大さじ1
A
醤油麹…大さじ1と1/2
酒…大さじ1
みりん…大さじ1

つくり方

① 鶏肉はひと口大に切る。 保存袋に鶏肉、**塩麹**を入れて、 袋の上から手でもみ込み、5～10分置いておく。 白菜、きのこ類は、食べやすい大きさに切る。

② 大根は、 おろし器やフードプロセッサーで大根おろしにする。 ボウルに大根おろしを汁ごと入れ、 **A**を加えて混ぜ合わせる。

③ 鍋にごま油をひき、①、②の順に入れ（写真ⓐ）、 フタをして6～7分、 白菜がしんなりするまで煮込む。

えのきでふわふわ鶏つくね串

塩麹

鶏つくねは塩麹とえのきを混ぜることで、ふんわりやわらかく。
大人も子どももやみつきになるおいしさです。

材料（2～3人分）

鶏ひき肉…200g
えのき（みじん切り）
…1/2袋
塩麹…大さじ2
片栗粉…大さじ1
A
醤油…大さじ1
みりん…大さじ1
酒…大さじ1
てんさい糖…小さじ1
油…適量
いりごま…適量

つくり方

① オーブンを160℃に予熱しておく。

② ボウルにひき肉、えのき、**塩麹**、片栗粉を入れ、よく混ぜ合わせる。手で丸く形を整えたら、竹串に刺す（写真ⓐ）。アルミホイルに油を薄くぬり、つくねをのせて160℃のオーブンで10分焼く。

③ フライパンに **A** を入れ煮立たせ、とろみがついたら火を止める。

④ 器に②を盛って③をぬり、ごまをふる。

醤油麹の和風カルパッチョ

醤油麹

刺身にカルパッチョソースをかけた、技アリ！ のおもてなしメニュー。
醤油麹が魚の旨みを引き出します。

材料 （2～3人分）

あじ、鯛、サーモン
などの刺身 … 200g
大葉 … 3枚

A
醤油麹 … 大さじ1
オリーブオイル
… 大さじ1
わさび … 小さじ1/2 ～ 1
（お好みで）
レモン汁 … 小さじ1

つくり方

① ボウルに **A** を入れ、混ぜ合わせておく。

② 皿に刺身を並べ、**A** をかける。千切りに
した大葉を飾る。

砂ずりの塩麹炒め

塩麹

コリコリとした食感が魅力で、お酒のおつまみにもピッタリ。
見た目は地味だけど、みんなに大人気のメニューです。

材料 （2人分）

砂ずり(砂肝) … 200g
長ねぎ … 1/2本

A
塩麹 … 大さじ1
酒 … 大さじ1
レモン汁 … 大さじ1
にんにくのすりおろし … 小さじ1
ごま油 … 大さじ1

つくり方

① 砂ずりは4等分に切る。ねぎはみじん
切りにする。

② ボウルに①と **A** を入れて、よく混ぜ合
わせる。

③ フライパンにごま油を熱し、②を入れ、
砂ずりに火が通るまで炒める。

醤油麹のキンパ

海藻ナムル（P.94参照）

チョレギサラダ
（P.128参照）

カムジャタン

米粉のチヂミ

麹で韓国風の
おもてなし料理

ホームパーティで喜ばれるのが、韓国料理。
実は、韓国料理の味つけにも麹調味料は大
活躍するんです。簡単に味が決まるし、辛い
調味料との相性も抜群！

カムジャタン

カムジャタンとは、豚の骨つき肉とじゃがいもを煮込んだ韓国鍋のこと。
ピリ辛スープとホクホクのじゃがいもが、食欲をそそります。

材料（2〜3人分）

スペアリブ … 5〜6本
じゃがいも … 4個
長ねぎ … 1本
※えのき、玉ねぎ、油揚げなど
好みで追加してもよい
ごま油 … 大さじ1

A ┌ **醤油麹** … 大さじ2
　　└ にんにくのすりおろし … 小さじ1

B ┌ 豆板醤 … 小さじ1
　　├ 味噌 … 小さじ3〜4
　　└ 酒 … 大さじ1

水 … 800㎖

> **MEMO**
> 焼くと固くなりがちなスペアリブですが、麹に漬け込んでから煮込めば、骨から身がほろほろとはがれるほどやわらかくなりますよ！

つくり方

① 保存袋に、スペアリブと **A** を入れて袋の上から手でもみ込み（写真ⓐ）、15分ほど置く。前日から漬け込んでおくと、よりやわらかくなる。

② じゃがいもはひと口大に切り、ねぎは斜め薄切りにする。

③ 鍋にごま油を弱火で熱し、スペアリブを入れ、両面に軽く焼き目がつく程度に焼く（写真ⓑ）。火が強いと**醤油麹**が焦げるので注意する。

④ ③に、②、**B**、水を入れて、フタをして10分ほど煮込む。味見をし、味が濃い場合は水を足し、薄い場合は**醤油麹**を足す。辛い場合は**甘麹**やてんさい糖などを足して、味の調整をする。

醤油麹のキンパ

塩麹　醤油麹　甘麹

韓国風のおもてなしに欠かせない、キンパ。ごま油の風味と、ナムル風の具の
おいしさがたまりません。野菜や牛肉の味つけも、麹調味料があれば簡単！

材料（2本分）

牛こま切れ肉 … 200g
ほうれん草 … 1/2 わ
にんじん … 1/2 本
もやし … 1/2 袋
ご飯 … 1 合分
ごま油 … 大さじ 1/2

A
　塩麹 … 小さじ 2
　ごま油 … 小さじ 2
　にんにくのすりおろし
　　… 小さじ 1

B
　醤油麹 … 大さじ 2
　甘麹 … 小さじ 1
　にんにくのすりおろし
　　… 小さじ 1

C
　ごま油 … 大さじ 1
　塩 … 少々

焼きのり … 2 枚

つくり方

① ほうれん草は 3 等分に切り、にんじんは細切りにする。ほうれん草、にんじん、もやしはそれぞれ耐熱容器に入れてラップをし、電子レンジで 2 分ずつ加熱する。A を 1/3 量ずつ加え、混ぜ合わせる。

② フライパンにごま油を熱して牛肉を入れ、色が変わったら B を加えて炒め、皿に取っておく。

③ ボウルにご飯を入れ、C を混ぜる。

④ 巻きすにのりをのせ、ご飯半量を薄く広げ、①、②を半量ずつのせて、端から巻いていく。同じものをあと 1 本つくる。

⑤ 食べやすい大きさに切って、器に盛る。

米粉のチヂミ

中華麹

簡単にできるのに、ホームパーティで大人気のメニュー。
米粉を使うから、もっちもちの食感に仕上がります。

材料（2人分）

ニラ … 1/2 袋
にんじん … 1/4 本
冷凍シーフードミックス … 80g

A
　中華麹 … 大さじ 2
　米粉 … 大さじ 6
　片栗粉 … 大さじ 3
　水 … 100mℓ

ごま油 … 大さじ 1
糸唐辛子（あれば）… 適量

つくり方

① ニラは 4cm幅に切る。にんじんは細切りにする。冷凍シーフードミックスは流水で解凍しておく。

② ボウルに A を入れて混ぜ、①を加えてさらに混ぜる。

③ フライパンに半量のごま油を入れて熱し、②を流し入れてカリッとするまで 4 分ほど焼く。裏返して、フライパンのふちから残りのごま油をまわし入れ、カリッとするまで 2 分ほど焼く。

④ 食べやすく切り、器に盛り、糸唐辛子をのせる。

体の内側から
きれいになる暮らし

きれいでいるためには、食生活を整えることがいちばんの
近道だと思っています。私が「体の内側からキレイでいる」
ために心がけていること、私の暮らしを支えてくれている
キッチンや道具たち、おすすめ食材などをご紹介します。

毎日立つのが愉しい
お気に入りのキッチン

　私たち夫婦は、ふたりともホームパーティ好き。来客のときにみんなと話しながらご飯をつくりたくて、キッチンはオープンなつくりにしました。数人が一緒に立てるように広めにしたので、ダイニングキッチンの半分はキッチンが占めています。キッチンは、「キッチンハウス」のセミオーダー。この天然石みたいな色やデザインが気に入って選びましたが、機能面も文句なしです。広いカンターも、たっぷり収納できるカップボードの長さも、こだわったポイント。

　毎日、長い時間使う場所なので、キッチンがお気に入りだとワクワクしてテンションが上がります。私たちの食生活を支えてくれる大切な場所。いつもきれいに保てるようにしたいです。

（左）洗いものはできるだけ夫にもやってもらいたいので、シンクは少し高めにしています。（右）あまりまとめ買いはしないので、冷蔵庫の中のものは少なめです。iwakiの保存容器が便利で、残ったおかずを保存しています。

料理がしやすいように、カウンターを通常より30cmくらい広くしてもらいました。調理中にいろいろ置けるので便利。直感で選んだペンダントライトも、とても気に入っています。

できるだけ自然で
安全な食材に
こだわっています

　腸内環境を整えるために、ふだんから発酵食品や食物繊維を積極的に摂るようにしています。野菜は、できるだけ自然な農法でつくられた新鮮なものを選びたいので、ネットで申し込める定期宅配を隔週で利用しています。7~9種類の旬の野菜が入っているセットで、毎回何が入っているかわからないので愉しみですし、あまり使ったことのない野菜を料理するとレパートリーが広がります。宅配野菜以外に、スーパーに売っている産直野菜を購入することもあります。有機や無農薬だけでなく、「地産地消」も大切にしたいからです。自分の軸があると、買い物も迷わなくなります。

　加工食品などの添加物を多く含むものや、遺伝子組み換え食品などは摂らないようにしていますが、「これはダメ、あれもダメ」など自分の行動を否定すると、ネガティブな感情になってしまうので、「昔からの製法でシンプルな原材料でつくられたものを選ぼう」という前向きな意識をもって暮らしています。

小麦製品は、質のいいものを選ぶことにしています。おすすめのパスタは、アルチェネロの有機スパゲッティ。全粒粉のタイプと通常のデュラムセモリナ粉のタイプがあります。

「坂ノ途中」の「旬のお野菜セットきほんのSサイズ」セット。おもに西日本の農家さんとパートナーになり、全国に特別栽培野菜を届けている会社です。持続可能な農業の広がりを目的としているところも素敵で、応援したいと思っています。

私の料理に欠かせない
お気に入り調味料

　麹調味料を使っていると、それほど多くの種類の調味料は必要ありません。でも、体にやさしくておいしそうな調味料を見つけたら、ちょっと使ってみたくなります。選ぶ基準としては、化学調味料や保存料が入っていないこと、原材料や産地がきちんと記載されていること、遺伝子組み換えでないもの、そして地元の会社だとさらに応援したくなっちゃいます。

　油にはとくにこだわっています。「圧搾」「一番搾り」「コールドプレス」のいずれかで、トランス脂肪酸が入っている油は使いません。なかでもオリーブオイルは、ドレッシングをつくるのによく使うので、本物のエキストラバージンオイルで、一番搾り、酸度が低いものを選びます。買い物は、「投票」だと思っていますから、その物の魅力だけでなく、「どんな背景でつくられた物なのか」も意識しながら選びます。

醤油

伝統的な醸造法で、杉の古桶でじっくりと熟成された醤油です。紙パックだから使いやすい。「有機純正醤油（こいくち）」マルシマ

本みりん

90日仕込み、熟成に3年ほどかけたみりん。化学調味料や添加物は一切不使用。甘麹と合わせて使うと、砂糖のようなしっかりとした甘みが出せます。「福来純『伝統製法』熟成本みりん」白扇酒造

塩

麹調味料に欠かせない塩は、ミネラルたっぷりの天然塩を選びます。原料は海水100%で、ほのかな甘さを感じる味。「海の精あらしお」海の精

酢

国産有機栽培のうるち米だけが原料。芳醇な香りと旨みがあります。「国産有機純米酢」マルシマ

味噌

玄米麹で手づくりしていますが、市販の味噌もたまに買います。発酵・熟成されていて、アミノ酸、「〇〇エキス」などが入っていないものを選びます。「無添加 合わせ 鶴」鶴味噌醸造

菜種油

遺伝子組み換えでない菜種を原料に、圧搾製法、一番搾りのみを使用。熱に強く、クセがないのでどんな料理にも使いやすいです。「純正菜種油」平田産業

料理酒

食塩を加えず、日本酒とほぼ同じつくり方でていねいにつくられた「飲める料理酒」。煮込み料理が格段においしくなります。「福来純純米料理酒」白扇酒造

オリーブオイル

これを食べたいがために、わざわざバゲットを買うこともあるほどおいしい。酸度0.25％ととてもフレッシュな油。「エキストラバージンオリーブオイル」サルバーニョ（サンヨーエンタープライズ）

ケチャップ

有機トマトがもつ自然の甘みを生かしています。アルコールや調味料（アミノ酸など）は不使用。甘すぎず、旨みがしっかりあっておいしい。「有機トマトケチャップ」光食品

ごま油

良質なごまを使用し、昔ながらの圧搾製法で搾ったごま油。香りが強すぎないのが気に入っています。「九鬼 ヤマシチ純正胡麻油」九鬼産業

白だし

6種類の原材料をブレンド。酵母エキスが入っていない、素材本来のおいしさで、こればかり購入しています。「だし屋が造った無添加白だし 六合わせ」まえか和

オイスターソース

広島産カキのエキスがベース。保存料などを使用せず、国産の原料をメインに使用しています。「オイスターソース」光食品

ココナッツオイル

（左）お菓子づくりにはこれを使います。「有機エキストラバージンココナッツオイル」セイロンファミリー（右）炒めものや揚げものに使うのはこれ。「有機プレミアムココナッツオイル」cocowell

強い味方の
調理道具たち

　忙しい毎日のなか、おいしく手早く料理をつくりたい私を支えてくれているのが、優秀なキッチングッズたちです。選ぶ基準としては、機能性がいいことはもちろんですが、「長く使える材質でできていること」も重視しています。収納しやすく、コンパクトであることも大切。さらにデザインが美しいと、料理しているときの気分が上がります。情報にうといほうなので、友人や義母に教えてもらうことも。使ってみたら便利すぎて、「もっと早く知りたかった！」と思うことがよくあります。

鍋

全面5層構造で、保温力も熱伝導率も高い。無水料理もオーブン料理もできます。フタを裏返せば3つ重ねても高さ16㎝と、コンパクトに収納できるのが便利。「ミニパンセット」ビタクラフト

保存容器

電子レンジはもちろん、フタを外せばオーブンでも使えるし、透明だから中身がわかりやすい。保存容器をこれに統一したら、冷蔵庫がすっきりしました。「パック＆レンジ（グリーン）」iwaki

計量スプーン

小さじ1/4スプーンまでついているから、正確に量れます。見た目もスタイリッシュで、気分が上がります。「SELECT100® 軽量スプーン」貝印

ターナー

貝印のSELECT100シリーズはよく愛用しています。このターナーは薄くてやわらかくて、フライパンと食材の間にするんと入ってくれます。「SELECT100®ターナー」貝印

計量カップ

上から見ても量れるのが便利な計量カップ。電子レンジでも使えます。ドレッシング用にちょうどいいサイズの「ミニ」も使用しています。「アングルドメジャーカップ（中）」OXO

チョッパー

毎日の料理になくてはならない存在。アタッチメントが7種類ついていて、みじん切りから薄切り、おろしまでできます。「マルチハンディチョッパー」Toffy

ピーラー

軽いし、刃が斜めになっているので使いやすいです。薄くスーッと皮がむけるピーラー。「SELECT100®T型ピーラー」貝印

密封保存袋

食材の漬け込み、湯煎、保存と大活躍。マチがひろく、ボウルのように使えるのでとっても便利。有害物質を含まないシリコーン素材です。「スタッシャーシリコーンバッグ ボウル M」（スタッシャー）

野菜水切り器

おいしいサラダづくりに欠かせない道具。片手でノブを押すだけで水切りができるから、濡れた手でも使いやすいです。フタをしてそのまま冷蔵庫に保存も。「クリアサラダスピナー（小）」OXO

「私にやさしい暮らし」で
心も体も健やかに

　野菜や麹調味料中心の食事にしてから、カロリーを考えることがなくなりました。動物性の食品を続けて食べたら、翌日は消化にいいものを食べて胃腸を休ませる。こうした食生活にすることで、自然と太ることもなくなりました。ごはんの時間になったら必ずごはんを食べる、というのもやめました。お腹が空いていないときは食べずに、お腹がすいたら栄養たっぷりのご飯を食べる。そうすることで、体の声に耳を傾ける習慣ができました。

　日々の暮らしではできる限りサステナブルな選択をし、食生活は無添加のものを選ぶようにしています。それは、私自身や家族が健康でいるため、そして社会や環境によい消費をするためです。誤解されがちですが、「無添加生活をすること」は私にとって、人生の目的ではありません。あくまでも健康でいるための手段です。人間が本来持っている感覚を大事にして、心も体も満たされる暮らしを目指したいです。

洋服を選ぶときも
環境のことを考える

流行が変わるたびに買い替えることがないように、何年先でも着られそうなデザインの洋服を選ぶようにしています。好きなのは、以前勤めていた@rrrrrrrr_jpというブランドの洋服。日本の生地を使い、すべて地元福岡の工場で製作、生産背景をすべて開示して服づくりをしています。

朝起きたら
一杯の白湯を飲む

朝起きたら、まず一杯の白湯を飲むことから一日が始まります。冷たい飲み物など、体を冷やすものはできるだけとらないようにしています。お腹が空いていなかったら、朝ごはんは食べません。

索引

おわりに

　私の人生の目標は、心も体も健康な人を増やすことです。

　子どものころの経験から、〝健康〟とは、病気をしない毎日を過ごせることだと思っていました。そのためには食事が何よりも大切だと考え、オーガニック食品について学んだり、添加物について調べたりしました。ごはんをつくるときにも食べるときにも、「この野菜はこうした調理方法がいちばん栄養を摂れる」なんて、常に頭でぐるぐると何かを考えていたんです。

　あるときハッと気づいたのが、「私は食事に薬のような効果を求めている」ということ。本来、正解なんてないはずの食べ物に対して、「こうすべき」「こうでなくてはいけない」と正解を求めていたんです。そのため、癒やしや幸せを感じられるはずの食事の時間にも、頭を凝り固まらせていて、心は決してリラックスできていないと気づきました。

　そんなときに出合ったのが、麹でした。

　麹を使ったごはんを食べると、どんな人も同じ言葉を言います。

　「おいしい」。

　つくった人も食べた人も幸せな気持ちにしてくれる、共通の言葉です。

　忙しい日常のなかで、自分で口にするものを自分でつくって「おいしい」と感じる、そ

んななにげないことが日常を彩ってくれます。その積み重ねで、豊かな人生にたどり着くのだと、麹のおかげで気づくことができました。

　インスタグラムで食に関しての発信を始めたのは、2022年5月です。今では、10万人もの方とつながることができました（2023年3月現在）。

　私のインスタをきっかけに、「麹生活」を始めましたとか、気持ちや体質に変化があったと喜んでいらっしゃるコメントを見ると、うれしくてうれしくて、涙が出ることもあります。

　「私が発信する意味は少なからずあるんだ！」と思うことができます。

　今では、より麹を身近に感じてもらいたいという気持ちから、「麹叶（kikuka）サロン」というオンラインサロンも主宰し、麹を使った料理のレッスンを開いたり、健康の土台をつくるために必要な知識をお伝えする、講義形式の勉強会も開催しています。

　私がいつもインスタやオンラインサロンでお伝えしているのは、麹に正しさを求めないでほしいということ。ついつい、麹の効果などメリットやデメリットにばかり目がいきがちですが、100％を目指さなくていいんです。

　最近では、「1日分の栄養が〇〇で摂れる」など、合理的な食事も注目を浴びています。でも、心も体も満たされる食というのは、もっ